朝日新書
Asahi Shinsho 573

早慶MARCH

大学ブランド大激変

小林哲夫

朝日新聞出版

プロローグ
——なぜ、早慶MARCHか。

「螢雪時代」編集者が命名

早慶MARCH。

ソウケイマーチと読む。大学受験を経験した30代以下、または保護者、高校教師、大学関係者ならば、ピンとくる言葉である。だが、40代以上、大学とは縁がない人たちにすれば、何のことかわからないだろう。

初歩的なところから説明しよう。

早稲田大（早）、慶應義塾大（慶）、明治大（M）、青山学院大（A）、立教大（R）、中央大（C）、法政大（H）の7大学をさすことばである。早慶に続く5大学は、アルファベットの頭文字を並べたものだ。

早慶という括《くく》りはいつごろから使われ始めたのだろうか。野球の早慶戦が始まったのは、1903（明治36）年である。正式名称は「第一回早慶野球試合」とある。入試においてもライバル校として「早慶」と称されていた。明治時代から100年以上続く歴史がある。

一方、MARCHは新しい。といってもごく最近というわけでもない。この呼び名の発案者は、旺文社で「螢雪時代」など受験情報誌を作っていた代田《しろた》恭之《たかゆき》さんである。1960年代のことだ。

代田さんを訪ねて、MARCH誕生の秘話を聞いてみた。こう話してくれた。

「全国の高校や大学をまわって、大学受験について講演をすることが多かった。よく出張で長旅に出たものです。そんなとき、旅館で酒を飲みながら、大学名で語呂合わせをよく考えました。講演で聴衆が眠くならないよう、インパクトがある名称を考えたかったのです。受験生に大学を身近に感じてもらうよう、そして、つらい受験勉強を和ませてあげようという思いからです。いくつかの大学を同じような難易度、似たような歴史と伝統、そして近隣地域で組み合わせて、グループ分けしました」

代田さんは1932（昭和7）年生まれ。84歳になる。1956年、早稲田大を卒業後、旺文社に入社。1997年に退社するまで、「螢雪時代」編集長をつとめるなどその仕事の多くは大学入試に関わるもので、受験情報ひと筋だった。こうしたなか、大学のグループ分けで名コピーライターぶりを発揮する。

MARCHの仲間入りをしたい。そんな大学もあった。MARCHと一緒になれば、受験生がたくさん集まり難易度が上がるという思いからだ。そういう意味で、代田さんは大学の命運を握る立場にあったといえようか。

代田さんのほかの作品を紹介しよう。

「日東駒専」＝日本大、東洋大、駒澤大、専修大。

「大東亜帝国」＝大東文化大、東海大、亜細亜大、帝京大、国士舘大。

「関東上流《かんとうじょうりゅう》江戸《えど》桜《ざくら》」＝関東学園大、上武大、流通経済大、江戸川大、桜美林大。

極めつきはこれだ。

「津田の東の本女《ぽんじょ》には、セイント・フェリスの泉あり。大妻・実践・共立の昭和女《しょうわおんな》の白百合は武蔵野跡に咲き乱る」＝津田塾大、東京女子大、日本女子大、聖心女子大、フェリス女学院大、清泉女子大、大妻女子大、実践女子大、共立女子大、昭和女子大、白百合女子大、武蔵野女子大、跡見学園女子大。

だいぶお酒が入ったようで、楽しそうに語呂合わせを試す代田さんの姿が目に浮かぶ。

もっとも、女子大の作品は使えない。武蔵野女子大は武蔵野大となり、共学になってしまったからだ。

役所の文書にも登場

早慶MARCHに話を戻す。

代田さんは最初、「KWAMARCH」と命名した。クワマーチと読む。彼は映画「クワイ河マーチ」が大好きだったからだ。だが、読みにくい。そこで「WAKMARCH」になる。読み方は、ワックマーチだ。講演、ラジオで受験情報を伝えるとき、「ワックマーチ」と連呼することもあった。だが、まもなく、ワック（早慶）が切り離されてしまう。MARCHの誕生である。

MARCHは一部の受験関係者の間で使われていたが、それほど広まったわけではない。1980年代まで新聞、雑誌に登場することはほとんどなかった。1970年代から1980年代にかけて大学を受験した世代（冒頭で言及した50代以上）の多くは、MARCHという言葉にあまり記憶はない。当時、私立文系受験生が目標に掲げていたのは、「東大を除く東京6大学」のほうが一般的だった。野球の東京6大学リーグのことで、（東大）、早慶、法政、明治、立教である。
1990年代、MARCHよりも、「日東駒専」「大東亜帝国」のほうが大きく伝えられる。こんな週刊誌の見出しがある。
「大学下克上　日東駒専は偏差値で旧帝大、北大、東北大、九大に並んだ」（「週刊現代」1990年3月10日号）
「日東駒専大東亜帝国が国立大学を超えたのは嘘」（「週刊文春」1992年4月2日号）
高校や予備校の進路指導でMARCHという言葉が、ぼちぼち使われはじめたが、まだ十分に行き渡っていなかった。
2000年代になってようやく、メディアで見られるようになった。いくつか紹介しよう。まずは見出しから。
「早慶MARCH関関同立　伸びている私立高校」（「週刊朝日」2004年4月30日号）
記事でMARCHはどのような扱いを受けているだろうか。
「中高一貫女子　激変地図　元気系、勉強系、お嬢様系」（「アエラ」2005年3月21日号）では、品川女子学院中等部・高等部（東京）が取り上げられ、1989年から7年間で入学希望者が激増して偏差値が20もアップしたとあり、こう続けている。

「これは、漆紫穂子《うるししほこ》副校長の存在が大きい。『早慶上智合格者数は前年の2倍、MARCH（明治、青山学院、立教、中央、法政）は3倍！』。学校説明会では右肩上がりの棒グラフが示される」

もう一つ、MARCHの立ち位置を示す記事だ。

「採りたい大学名と学生像　有力企業98社アンケート」（「アエラ」2006年1月2－9日号）にこう記されている。

「早稲田、慶応に続く私立大学、いわゆる『MARCH』（明治、青学、立教、中央、法政）に人材が多いのではないか――。今回の取材のなかで、複数の企業の人事担当者がこんな感想を漏らした」

いまでは、大学受験、大学問題に関わる者だれもが、校名をいちいち並べることなく使えるようになった。公的な文書にも登場している。文部科学省の審議会の議事録にも出てくる。

2011年、東京都教育委員会は、「進学指導重点校等における進学対策の取組について」という報告書をまとめた。このなかで、都立高校に「進学指導改善計画」を提出させ、難関大学への現役合格者の目標数値が記されている。以下、2013年度入試の合格者目標だ。
＊都立三田高校　国公立25人、早慶上理50人、ＭＡＲＣＨ１５０人
＊都立竹早高校　国公立25人、早慶上理60人、ＭＡＲＣＨ１４０人
難関大学として早慶とＭＡＲＣＨの立ち位置が示されている（上理とは上智大と東京理科大のこと）。

昨今、とくにＭＡＲＣＨについては一定の評価がなされるようになった。進路指導教諭、人事採用担当者が、「ＭＡＲＣＨクラス」という言葉をごく普通に使う。受験生から「ＭＡＲＣＨクラスに入りたい」、他の大学関係者から「ＭＡＲＣＨクラスまで知名度、難易度を高めたい」という声も聞かれる。ＭＡＲＣＨそのものが、ブランド力を持ち得たのだろう。

これほどまで市民権を獲得して、自治体からお墨付きがもらえたことについて、代田さんはこんな感想を漏らした。

「公に使われるようになって、時代は変わったなあと思いました。嬉しいやら、恥ずかしいやら。最近では、これに学習院のGをつけて、GＭＡＲＣＨと呼ばれるようになりましたが、大学の歴史と伝統に鑑みるとＭＡＲＣＨのほうがすっきりします。そう思う一方で、

まだ旧態依然としたグループ分けが残っているのか、という気もします。ＭＡＲＣＨを考えついて50年近く経ちますからね」

日本の社会を作ってきた

早慶ＭＡＲＣＨ。

本書でこの７大学を取り上げるのは、発案者の代田さんに敬意を表しつつ、次の理由からである。

①学生数1万５０００人以上を数える総合大学である。
②一般入試志願者が多い。
③第一志望とする受験生が多い。
④学部数が多い。
⑤創立が前身を含めて１００年以上前にさかのぼる。
⑥入試難易度が近い。併願の相手となる。

もう少しひらたくいえば、歴史と伝統があって、誰もが知っている大規模大学だからだ。

上智大、学習院大、国際基督教大、東京理科大は、学部によって、難易度で早慶ＭＡＲＣ

Hよりも上、あるいは同レベルだが、規模、歴史、学部数、学部構成から、このグループには入れなかった。

本書では、早慶MARCHについて多角的に解説する。

まず、最新情報をまとめた。志願者の動向、受験倍率、就職実績、学費や奨学金などである。続いて、学部学科構成、教育環境、ロケーション、グローバル化、福利厚生、学生食堂、学生気質、スポーツ、スター教員、就職支援、資格採用試験、OBOGなどテーマ別にまとめた。

本書は、早慶MARCHを目指す受験生に向けてパンフレットやウェブサイトだけではわからない話を満載した。大学案内として活用してほしい。

また、早慶MARCH当事者や関係者（学生、教員、保護者、OBOG）が、ライバル校と比べられるようにデータをふんだんに用いた。大学を発展させる基礎資料として参考にしてほしい。

そして、すこしでも大学に関心を持っている方すべてに、早慶MARCHをとおして、日本の大学の現状を知ることができるように、教育、研究、社会貢献などさまざまな項目を設定した。日本の大学の良い点、課題とされる点をいくつか問題提起した。大学の将来を考えてほしい。

さらに、早慶ＭＡＲＣＨが日本の社会をどのように作ってきたかを考察した。大学教育によるさまざまな分野での人材輩出、大学の最先端研究によって政治経済、文化の発展を見ることができる。いささか大仰《おおぎょう》な言い方になるが、早慶ＭＡＲＣＨが日本の社会で果たしてきた役割について考えてみたい。いわば、早慶ＭＡＲＣＨ論である。

それでは、早慶ＭＡＲＣＨのワンダーランドをご案内しよう。

早慶MARCH　大学ブランド大激変

目次

プロローグ――なぜ、早慶MARCHか。　3

第1章　早慶MARCHの最新情報　23

1　入試（志願者、受験倍率）　24
文系学部の復活で早稲田が志願者増／法政大が初めて10万人を突破／明治大は女子学生獲得に力を入れる／「戦争犯罪に関するあなた自身の見解を述べなさい」――慶應法のAO入試／商業学科等対象公募推薦入試、自治体推薦入試

2　学費（初年度納付金）　42
高い順に青学、慶應、立教、早稲田、明治、中央、法政／奨学金予約制度、難関国家試験合格者に報奨金

3　入試難易度　49
早慶に続いてMARCHが混戦

4　就職実績　52

法学部は公務員、経済学部は銀行という傾向／新設学部の就職先は情報、通信系が多い

第2章　早慶MARCHの教育、研究、施設を検証する　85

1　学部、学科構成　86
農学部の明治、観光学部の立教／地球社会共生、キャリアデザインとは何か

2　教育の特徴、教育環境　96
「明治大学講座」「立教科目群」などで個性を打ち出す／法政大グローバル教養学部は1学年70人／女子学生増加で留年、退学が減少

3　入学者　110
現役vs.浪人――「何が何でも早稲田」は減少／出身地域別――地方出身者の減少

4 ロケーション 115
青山学院大は都心回帰で志願者増／早稲田大の所沢、慶應義塾大の藤沢は都心から1時間以上／文系、理系が4年間一緒の立教大／2022年に中央大法学部は後楽園に移転

5 研究水準 128
世界大学ランキングに早慶が挑戦／「ネイチャー」で青山学院大が健闘／論文、研究費――立教大が科研費採択率で上位

6 グローバル化 139
早慶が相次いで国際学生寮を新設／教育目標にTOEIC®のスコア／本家、ディズニーワールドで学ぶ／国際ボランティアで視野を広げる

7 理工系学部 152
数学が社会にどのように役立つかを知る／銀行、保険会社へ就職し金融商品を開発／国家公務員理工系区分＝技官への道

8　学生支援、福利厚生　162
図書館――学習室の充実／福利厚生――トレーニングルーム、セミナーハウス

9　学生食堂　170
100円朝食で学生の健康を維持／地上17階で東京を一望しながらランチを楽しむ／中央大は3000席が用意され1日1万人以上が来店

第3章　早慶MARCHの学生の生態学　179

1　早慶MARCHの学生気質　180
早稲田は貧乏、慶應は金持ちって本当？／学部によってカラーが違う早稲田、老成した雰囲気の慶應／親しみやすい明治大、ドライな青学、協調性のある立教／無難で手堅い中央、新学部が校風を変えている法政／小学校から附属という世界

2　女子学生のおしゃれ度　196

青学の強みは附属、ミッション系、ロケーション／全国区の中央大からカリスマモデル誕生／読者モデル数のトップが早稲田なのは国際教養学部のおかげ？

3 スポーツが強い 209

大学選手権優勝が多いのが早稲田大、法政大／慶應は附属校出身からアスリートが輩出／立教は推薦入学復活で大学スポーツ復権を狙う／勧誘に熱心な中央大／法政大はスポーツ推薦入試が充実

第4章 早慶MARCHの教員の群像

225

1 学術賞、文化賞を受賞した俊才たち 226

慶應の小熊英二さんは四つ受賞／法政ひと筋の田中優子総長

2 ベストセラー作家、タレント教授 231

早稲田大の芥川賞作家教授／青山学院大は税法の泰斗・三木義一さんが学長に就任／法政大には小説家が揃う

第5章　早慶MARCHの卒業後の進路　247

1　早慶MARCH、大学別の取り組み　248

早稲田大――学生キャリア・アドバイザーとして後輩を支援／慶應義塾大――全塾ゼミナール委員会が業界研究会を開催、4000人以上が参加／明治大――「就職の明治」は今も健在／青山学院大――講演会は400回以上、企業からの求人は1200社／立教大――職場見学、社員との懇談で仕事への理解を深める／中央大――地方で働くためのU・Iターンガイダンス／法政大――実戦さながらの模擬面接で厳しいやりとりを繰り返す

2　進路①――公務員　267

早稲田大出身官僚が増えている／中央大、明治大、法政大は公務員希望学生を応援／警察官、消防官に強い法政大

3　進路②――司法試験、公認会計士試験　277

中央大は都心回帰で復権を狙う／慶應義塾大は企業法務に強い弁護士を養成／公認会計士試験で火花を散らす中央大、明治大

4 進路③——業種別、人気企業別 286
慶應義塾大法学部と総合政策学部の違いは？／法政大自主マスコミ講座からアナウンサーへ

第6章 早慶MARCHの出身者の活躍を知る 293

1 政治家編——慶應2世3世議員の面々 294
雄弁会はぱっとしない／法政は地方議員出身で経験豊富

2 社長編——女性社長で青学、立教が健闘 302
北海道、東北、北陸、甲信越の企業の社長は早明中法に多い／一族経営企業の社長は慶應義塾大出身／野村證券、小学館、産経新聞社長には中央大出身

3 文化編——校風が出る作家、タレント 310
（1）早稲田大／（2）慶應義塾大／（3）明治大／（4）青山学院大／（5）立教大／（6）中央大／

(7) 法政大
エピローグ——早慶MARCHのすごさを体感しよう 323
あとがき 330
巻末データ 332

図版作成／谷口正孝

第1章　早慶ＭＡＲＣＨの最新情報

1　入試（志願者、受験倍率）

文系学部の復活で早稲田が志願者増

まず、一般入試志願者、受験倍率からみてみよう。

志願者数日本一が、近畿大の専売特許になりつつある。２０１４年度から16年度まで3年続けてのトップはインパクトがあった。だが、それ以前は早慶ＭＡＲＣＨの方が強かった。10年度から13年度は明治大が4年連続1位。もう少しさかのぼって、１９９９年度から09年度までは、早稲田大が11年連続1位だった。もちろん、早明はいまでも志願者数が多く受験生の人気は衰えない。２０１６年度では上位10校に明治大、早稲田大、法政大、中央大が顔を出す（図表1－1）。

志願者数が増える要因はいくつかある。①学部学科の新設、②ネット出願による願書提

図表1－1　一般入試志願者数

	2013年度	2014年度	2015年度	2016年度
早稲田大	106,768	105,424	103,494	108,039
慶應義塾大	42,785	42,398	43,352	44,797
明治大	109,934	105,512	105,702	108,500
青山学院大	56,563	55,893	59,738	59,850
立教大	71,096	63,934	66,351	60,693
中央大	82,219	72,725	69,818	75,275
法政大	89,047	94,808	93,986	101,976

出の簡易化、複数出願で受験料が安くなった、③全学部統一日入試によって複数学部が受けやすくなる、④キャンパス移転で通いやすくなる、などだ。

志願者数に関わるデータとして、学部別受験倍率が高くなる要因は次のとおりだ。①前年度の反動による隔年現象、②センター試験の利用拡大で受けやすくなった、③入試日程の変更。併願のしやすさ、しにくさ、④入試科目および配点の変更、科目数の増減。たとえば選択科目増や必須科目減で志願者が増えた、⑤募集人員の増減。増えれば志願者増につながる。

直近で、就職率が高かったこと、教育や研究内容ですばらしい評価を受けたことによって、倍率が高まるというケースはあまりない。ノーベル賞受賞者が出て倍率が高くなることはあった（京都産業大理学部で益川敏英さん、名城大理工学部で赤崎勇さんが在籍していることによる効果はあった)。

また、大学がスポーツや文化で好成績を収めたなどの慶事、それとは反対に大学の教職員が起こした大きな不祥事によって、志願者数が大きく変わることはない。よくマスコミなどで、大学スポーツでの優勝が志願者増に結びつくというように報じられるが、前年比で顕著な例が示されるケースはほとんどない。

昨今、青山学院大は志願者増となったが、これは箱根駅伝優勝によるものではない。文系学部のキャンパスが相模原から青山に都心回帰したことによる。少なくとも青学関係者はこのように見ている。ほかに箱根駅伝で山梨学院大、ラグビーでは大東文化大、関東学院大、帝京大が日本一になったが、志願者増につながってはいない。知名度はずいぶん上がり、学生やOBOGの愛校心、帰属意識がずいぶん高まったので、大学にとってはありがたい話ではあった。

一方、不祥事はどうか。1980年代に早稲田大商学部で入試漏洩、1990年代に明治大では替え玉受験が発覚したが、志願者の動向にはまったく影響を与えなかった。ブランド力が低下して教育内容が悪くなり就職実績が落ちるとはだれも思わなかったからだ。なにかで注目されたことによって志願者は増えるか。著名人の入学を例にあげてみよう。

1965年、早稲田大第二文学部に吉永小百合さんが入学した。それから時を経て、1998年、早稲田大教育学部に広末涼子さんが入学する。いずれもこれが理由で志願者は増えていない。2000年以降、明治大には井上真央さん、北川景子さん、川島海荷さん、山下智久さんなど芸能人が続々入学したが、彼らに会いたいがために明治大の志願者が増えたという話は聞かない。

早慶MARCHの学部別受験倍率をまとめてみた（図表1－2）。前年比で志願者、受験倍率が大きく変動したことで、その大学の価値が変わるということはない。たかだか1年の違いで教育、研究内容が変わるものではないからだ。だが、受験生の志向を知る目安にはなる。この年はたまたま法政大志望者が増えた、あるいは、受験しやすくなったので法政大が増えた、などの見方はできる。だが、偶然なのか、必然なのかを見きわめるのはきわめてむずかしい。それをふまえて2016年度入試を以下に検証してみる。

早稲田大は9年ぶりの増加となった。大きな理由をマクロで見ると、ここ数年下がり続けていた文系学部が上向きになったことがあげられよう。2010年代に入って不況が続くなかで専門性が身につく理工系が好調だったが、その一方で、法学部、政治経済学部は毎年、志願者が減り続け、人気薄が続いた。だが、景気の回復を見込まれたおかげで、2

図表1－2　一般入試の受験倍率（2016年）

早稲田大

学部	受験者	合格者	倍率
法学部	5,794	1,327	4.37
政治経済学部	8,312	1,602	5.19
商学部	14,689	1,723	8.53
文学部	9,187	1,461	6.29
教育学部	14,356	2,266	6.34
社会科学部	11,310	1,289	8.77
人間科学部	6,923	1,193	5.80
文化構想学部	10,357	1,840	5.63
国際教養学部	3,344	822	4.07
基幹理工学部	4,468	1,158	3.86
創造理工学部	3,720	839	4.43
先進理工学部	4,609	1,344	3.43
スポーツ科学部	3,255	677	4.81

慶應義塾大

学部	受験者	合格者	倍率
法学部	3,450	651	5.30
総合政策学部	3,482	496	7.02
経済学部	7,019	1,564	4.49
商学部	6,661	1,698	3.92
文学部	4,293	1,046	4.10
環境情報学部	2,849	437	6.52
理工学部	8,755	2,426	3.61
看護医療学部	691	171	4.04
薬学部	2,615	596	4.39
医学部	1,436	167	8.60

図表1－2　一般入試の受験倍率（2016年）

明治大

学部	受験者	合格者	倍率
法学部	9,229	2,909	3.17
政治経済学部	12,965	3,446	3.76
経営学部	10,483	2,460	4.26
商学部	10,700	2,108	5.08
文学部	14,040	2,188	6.42
国際日本学部	5,897	1,251	4.71
情報コミュニケーション学部	7,571	1,466	5.16
総合数理学部	2,996	637	4.70
理工学部	19,874	5,761	3.45
農学部	8,974	1,918	4.68

青山学院大

学部	受験者	合格者	倍率
法学部	5,495	978	5.62
経済学部	6,569	1,029	6.38
国際政治経済学部	4,331	776	5.58
経営学部	8,119	1,029	7.89
文学部	7,409	1,465	5.06
教育人間科学部	4,227	616	6.86
社会情報学部	2,998	473	6.34
総合文化政策学部	4,346	321	13.54
地球社会共生学部	1,395	379	3.68
理工学部	10,185	2,438	4.18

図表1－2　一般入試の受験倍率(2016年)

立教大

学部	受験者	合格者	倍率
法学部	7,306	2,129	3.43
経済学部	7,991	1,780	4.49
経営学部	4,938	674	7.33
文学部	10,137	2,692	3.77
異文化コミュニケーション学部	2,599	224	11.60
社会学部	7,548	1,407	5.36
観光学部	4,443	832	5.34
現代心理学部	3,350	698	4.80
理学部	6,354	1,546	4.11
コミュニティ福祉学部	4,367	856	5.10

中央大

学部	受験者	合格者	倍率
法学部	14,776	4,524	3.27
経済学部	12,416	2,190	5.67
商学部	11,925	2,711	4.40
文学部	11,857	2,927	4.05
総合政策学部	3,883	763	5.08
理工学部	16,082	3,316	4.85

法政大

学部	受験者	合格者	倍率
法学部	11,404	3,052	3.74
経済学部	10,923	3,016	3.62
社会学部	10,289	2,590	3.97
経営学部	12,280	2,918	4.21
文学部	9,006	2,252	4.00
国際文化学部	2,824	451	6.26
人間環境学部	4,122	887	4.65
現代福祉学部	3,865	818	4.72
キャリアデザイン学部	4,209	767	5.49
グローバル教養学部	1,218	243	5.01
スポーツ健康学部	3,077	417	7.38
情報科学部	2,376	564	4.21
デザイン工学部	6,232	1,134	5.50
理工学部	10,966	2,826	3.88
生命科学部	5,206	1,257	4.14

015年度入試で文系学部不人気は底を打ち、2016年度にV字回復をした。早稲田大は文系学部を多くかかえているので、その恩恵を受けたといえる。ミクロな話では、文学部、文化構想学部がセンター試験利用を加えたことが大きい。

法政大が初めて10万人を突破

慶應義塾大の志願者数は2008年度から2014年度まで7年連続で減り続けていた。2014年度に底を打って翌年度上向き、2016年度も前年比103%となっている。文学部は前年比113%の大幅増で経済、商もかなり増やした。法学部も9年ぶりの増加である。経済学部は一般入試の募集人員がA、B方式合わせて90人減ったが、まったく影響はなかった。それだけ景気が良くなり、銀行、商社に強い慶應への人気が高まったといえよう。東京大で後期入試が廃止されたので、その受験生が慶應に流れたという見方もある。

明治大はネット出願に移行した。それもあって、2016年度の志願者数は前年比103%となった。学部別で法、文、政治経済、情報コミュニケーションの4学部が増えている。なかでも文学部は前年比で113%となったが、センター試験利用で「理科①」を受けられるようになったことも大きい。早稲田大の文、文化構想の2学部と同じパターンの入試となり併願者が増えたといえる。

青山学院大もネット出願に移行した。青山キャンパスへの移転が埼玉、千葉、茨城の受験生に周知されたようだ。総合文化政策、国際政治経済、経営学部は前年に減少したので、その反動による隔年現象の表れだろう。国際政治経済学部は英語外部試験（TOEFL iBT®、TOEFL PBT®、TOEIC®、実用英語技能検定など）が判定材料に加わったことも影響している。地球社会共生学部はセンター試験利用方式を導入したが、半分に減少した。これについて、学習院大が新設した国際社会科学部と入試日が重なった、相模原キャンパスを敬遠したと予備校関係者は分析する。

立教大は唯一、早慶MARCHで志願者数を減らしている。前年比91・4%。このなかでセンター試験利用で前年比86%は大きい。一般入試も減少した。全体的に隔年傾向が顕著に表れたという説明がもっとも合理的だろう。文、社会、法、現代心理の4学部が増加、経済、経営、異文化コミュニケーション、観光、コミュニティ福祉の5学部が減少となっている。

中央大の志願者増は5年ぶりである。前年比108%。法、経済、商の3学部が増えた。

地方受験生に強いので、景気回復が好調の理由と言える。法学部の志願者は前年から4000人以上の大幅増である（前年比137%）。これはセンター試験利用単独方式（前期）に3教科型を導入したことによるものだ。ほかに、統一入試の地方会場に金沢を新設し、文系5学部の統一入試と理工学部のセンター併用方式（理数選抜入試）の実施なども、志願者増を後押ししている。

法政大は初めて10万人を突破した。とくに志願者の増加率が著しいのは、グローバル教養（前年比164%。以下カッコ内は同）、現代福祉（170%）、人間環境学部（129%）。これらよりも募集人員が多い法（112%）、経済（114%）、社会（116%）の3学部が全体の志願者増に貢献した。グローバル教養学部はT日程（統一日程入試）を導入したことが大きい。社会学部ではセンター方式で前年比150%。6学部で英語外部試験利用入試を導入したことも影響している。

明治大は女子学生獲得に力を入れる

ここ数年、志願者数では近畿大、明治大、早稲田大の3校が日本一を競っているが、大学入試に少しでも詳しい者から見れば、「果たして意味があるだろうか」と疑義をはさむことだろう。大学によっては統一入試を行っているところがある。この際、1回の受験で複数学部に出願できるので、それが学部ごとの志願者にカウントされてしまう。1人の人間がダブルカウントとして集計されるのは、入試システムの性格上、仕方がないものである。それゆえ、統一入試を実施する大学、しない大学を同じ土俵に上げて比べても意味はない。それは大学も十分、承知のことだ。そもそも大学が比べようと言い出したわけではなく、メディアが勝手にランキングなどを作っているのだから。

それでも、前年比で増減を知る、同規模の他大学と比較できる、というのは大学にとって今後の運営を考える上ではとても参考になる。

たとえば、全学の募集人員でみると法政大4619人、明治大4715人。規模、学部構成がよく似ており、ロケーションも近い。大学にすればライバル校として気になるところだ。受験生にしても法明どちらに勢いがあるのかを見定めたい。志願者数では、ここしばらくは明治大がリードしてきた。その原動力は女子学生である。大学もかなり意識して多くの女子学生が快適なキャンパス生活を送れるような環境作りに力を入れてきた。たとえば、1998年に竣工したリバティタワーの女子トイレにはパウダールームを設置している。もちろん、施設面だけではなく、女子学生が勉強、サークル活動、就職などで生き生きとするような場面を作り出そうと努力し、それをパンフレットなどで積極的にアピールしてきた。その甲斐あって女子学生の増加で、志願者数は増えてきた。

法政大はやや遅れをとったが、田中優子総長が自ら広告塔になってさまざまなメディアに登場することで、受験生に大学の魅力を訴えている。校舎の建て替えも進んでいる。2016年度入試で初の10万人を超えたのは、こうした取り組みが実を結びつつあるといえよう。

2017年度入試はどうなるだろうか。

慶應義塾大が一般入試で、早稲田大、立教大、法政大が一般入試とセンター試験利用入試でネット出願を導入して、郵便による出願を廃止する。法政大国際文化学部でセンター試験利用入試を導入する。青山学院大が全学部日程の学外試験場を仙台、岡山に設置するなどの動きが見られる。

大学はさまざまな方法を使って志願者を増やしたい。受験生に人気があることを証明する、優秀な受験生を獲得したい、などの思惑があるからだ。受験料収入もばかにならない。

なお、これまで、一大学で志願者数がもっとも多かったのは、1989年度の早稲田大16万1500人である。この年明治大は10万9114人、慶應義塾大は4万6920人だった。この年、日経平均株価の終値が3万8915円をつけた。バブルの絶頂期と志願者数最多の時期がピタリと一致している。この経験則から、早慶MARCHの志願者が増えるのは、バブル期に向かうということなのだろうか。

「戦争犯罪に関するあなた自身の見解を述べなさい」――慶應法のAO入試

一般入試以外で入学する方法には、推薦、AO入試などがある。これを受験用語で特別入試と呼ぶ。

各大学の推薦、AO入試の要件をみてみよう。

早稲田大は自己推薦制度を教育、社会科学、スポーツ科学の3学部で実施している。出願資格は、教育学部を例にあげると、評定平均4・0以上の者。欠席日数が30日以内、教科学習以外にもめざましい活躍をした者。クラブ活動、課外活動で、学芸系の領域で優れた成績を挙げた者。完成度の高い研究などを行って高い評価を得た者。スポーツ系の領域における都道府県以上の大会等で優れた成績を挙げた者。生徒会の会長または副会長、文化祭・体育祭などの全校生徒が参加する学校行事で実行委員会委員長または副委員長として、それにふさわしい実質的活動をした者――。これは、多くの大学で、自己推薦入試で求められる能力、適性のもっともポピュラーな内容である。
ＡＯ入試は政治経済、基幹理工、創造理工、先進理工、国際教養の５学部で行われる。指定校推薦は教育、社会科学、スポーツ科学の３学部を除いたすべての学部で実施している。

慶應義塾大ではＡＯ入試を法、総合政策、環境情報、理工、看護医療の５学部で行う。自主応募制入試を文学部で、経済学部はＰＥＡＲＬ入試を実施する（ＰＥＡＲＬ入試＝４年間一貫して英語で経済学を学ぶ９月入学のプログラム。「Programme in Economics for Alliances, Research and Leadership」）。指定校推薦は法、商、理工、薬学部薬学科にある。

法学部のＡＯ入試はＦＩＴ入試と呼ばれている。第一志望で慶應の法学部で勉強したい学生と、この学生を教えたい法学部教員との良好な相性（Fit）を実現しようとする狙いがある。２０１６年度のＦＩＴ入試の一つはこんな選考方法だ。教員が模擬講義として「戦争犯罪を考える」を行う。東京裁判・ニュルンベルク裁判の意義を問う内容で、大学１年生が受講して理解できるレベルである。これに対して、「講義の要点をまとめたうえで、戦争犯罪に関するあなた自身の見解を述べなさい」。Ａ３レポート用紙形式で字数制限はなし。試験時間は45分。

そして、グループディスカッションが行われる。テーマは次のとおり。

「近隣に住む人びととの関係が希薄化しており、地域のつながりの意味を再認識する必要があるとする指摘があります。他方、地域や近隣といった空間・場所を超えて、人と人とのつながりをひろげていく必要があるとする見解もあります。今後の日本社会において、人と人とが支えあうネットワークをどのように維持・構築していくべきだと考えますか。自由に議論してください」（政治学科）

受験生の社会に対する問題意識を鋭く問うたものだ。大学に入っても、積極的に発言してほしいという思いが込められている。

明治大ではAO入試を理工学部、公募制特別入学試験（大学入試センター試験利用特別入試）を商学部で実施する。自己推薦特別入試を文、農、総合数理の3学部で行っている。指定校推薦は農学部を除く9学部すべてにある。農学部は地域農業振興特別入試と銘打たれ、地域の農業振興に対する強い意志、斬新な発想、具体的なプランと行動力が問われる。選考では農業振興の具体的なプランについてプレゼンテーションが課せられる。書類選考では、2017年度から国際日本学部では、イングリッシュ・トラック入試を導入する。TOEFL iBT®、IELTS、ケンブリッジ英検、SATなどの成績が測られる。

商業学科等対象公募推薦入試、自治体推薦入試

ここからの4大学にはAO入試はない。自己推薦制となっているが、その内容はAO入試に近いものがある。

青山学院大は自己推薦を文、地球社会共生の2学部で実施。文学部英米文学科のハードルはかなり高く、実用英語技能検定準1級以上、TOEIC® 730点以上、TOEFL® 520点以上（iBT®の場合は68点以上）、TEAP（4技能）300点以上のいずれかをクリアした者となっている。指定校推薦が国際政治経済学部を除く9学部、提携校推薦が経済と国際政治経済、地球社会共生の3学部である。ミッション系高校からの推薦枠を広くとっており、キリスト教同盟校推薦が7学部、全国高校キリスト者推薦が9学部である。ミッション系大学のアイデンティティーを維持する気概が見て取れる。

立教大は自己推薦型として入試で自由選抜入試を全学部で行っている。この入試は、志望する学部に関連した高い能力を持つ者、学業以外の諸活動で秀でた個性を持つ者を受け入れるのが目的である。学部によって具体的な出願資格が示される。

たとえば、経営、社会、コミュニティ福祉、現代心理の4学部は、「ボランティア活動、

校外活動での指導的役割・めざましい実績」となっている。観光学部はおもしろい。「専攻分野に関連する将来構想や具体的なプランを有する者」であり、選考にあたって課せられる論文提出には、次のテーマがある。

「観光関連産業の経営を継承しようと決意した経緯・理由と、観光関連産業の経営を通じて社会に貢献しようという意欲を説明し、その意欲をどのように実現しようと考えているのか、その具体的な構想と課題を2000字程度の文章にまとめてください」

まるで老舗旅館の後継者に呼びかけるような文面だ。明治大の地域農業振興特別入試に通底するものがある。早慶MARCHはここまで学生のさまざまなポテンシャルを引き出そうと努力しているわけだ。

中央大では自己推薦入試を法、経済の2学部で行っている。法学部の出願資格には、国内外でのボランティア活動、地域活動、学術・文化・芸術活動などへの参加で、模範となる成果を収めた、などの要件がある。また経済学部では、簿記検定2級以上、全国商業高校協会主催簿記実務検定1級合格者で、公認会計士の資格取得を目指す者、という要件もある。さらに、基本情報技術者試験または応用情報技術者試験の合格者、実用数学技能検定準1級以上または数学オリンピックBランク以上の要件がある。

中央大の公認会計士合格者には商業高校出身者が含まれる。彼らは簿記関連の勉強を積み重ねてきており、大学に入って、それが難関の国家試験合格に結びついている（284ページ）。

法政大で主に自己推薦を行っているのが、経済、文、キャリアデザイン、人間環境、グローバル教養、スポーツ健康、理工の7学部。文学部日本文学科は筆記試験の国語（古文、漢文を含む）、面接がある。文学部地理学科は筆記試験の地理B、面接がある。いずれも日本文学、地理に秀でている学生を募集する。キャリアデザイン学部には商業学科等対象公募推薦入試がある。

とてもユニークなのが、現代福祉学部福祉コミュニティ学科のまちづくりチャレンジ入試（自治体推薦入試）だ。地域を活性化させるための活動に従事しようとする受験生が対象となり、自治体の首長などの推薦で入学が許可される制度である。

推薦、AO入試からは、大学がどのような学生がほしいかという志向が見えてくる。早慶MARCHにおいて、出願条件だけでは大きな差異は見られない。だが、選考で問われる具体的なテーマ（志望書、作文、ディスカッションの中身）から、ときおり、大学の個性が示されることがある。この入試制度が実を結ぶのは、卒業後、数十年経ってからになる。

それだけ長く待つ価値はあるはずだ。

2　学費（初年度納付金）

高い順に青学、慶應、立教、早稲田、明治、中央、法政

学費（初年度納付金）について、さまざまな観点から考えてみよう。

早慶MARCHの初年度納付金（2016年度）を法学部、文学部、理工系学部に分けてまとめてみた。相場観からみると、飛び抜けて高い大学があるわけではない。国立大学に近づくのではという格安感もない（図表1－3）。

文部科学省は私立大学の初年度納付金の全国平均を集計している。それによれば、法学部119万8809円、文学部126万6007円、理・工学部156万3607円（2014年度、調査大学＝578校）となっている。早慶MARCHは全国平均と比べて法学

図表1－3　初年度納付金（2016年度）

	法学部	文学部	理・工系学部	
早稲田大	124万2700円	128万1000円	先進理工学部	178万5000円
慶應義塾大	130万3350円	129万3350円	理工学部	179万3350円
明治大	120万7800円	124万7900円	理工学部	174万5500円
青山学院大	131万3000円	130万1200円	理工学部	179万5000円
立教大	127万6500円	128万4500円	理学部	174万1500円
中央大	120万9400円	120万9400円	理工学部	174万7900円
法政大	119万6000円	119万6000円	理工学部	169万0000円

青山学院大文学部は英米文学科の数字。法政大文学部は地理学科、心理学科を除く。明治大理工学部は数学科を除く。立教大理学部は物理学科、化学科。法政大理工学部は機械工学科航空操縦学専修を除く

部でやや高め、文学部でだいたい同じ、理工系学部では高めとなった（文科省集計の理・工学部は低すぎる。おそらく、文系に近い理工系学部も含まれたのだろう）。

早慶ＭＡＲＣＨの学費について、高い順におおざっぱに並べると、青学、慶應、立教、早稲田、明治、中央、法政となる。法、文、理工系の３学部すべて青山学院大が高く、３学部すべて法政大が安い。

上位３校の学生が、いまでも「お嬢さま」「お坊ちゃま」というイメージを持たれるのは、学費が高いからと言われることがある。ミッション系の大学、そして、慶應義塾大も、高所得者層が高いお金を払って子弟子女を通わせているという見方だ。

実際、７校の学費差は１９６０年代から見られた。たとえば、１９６７年度の法学部初年度納付金は、青山学院大18万４２００円、法政大14万３７００円。こ

のころの4万円という差は大きい。安倍晋三内閣の菅義偉《よしひで》・官房長官が1969年に法政大法学部に入学しており、その理由を「学費がいちばん安かったから」と述懐している。この時代、大学選びを私立だけで考えた場合、学費も少なからず要因になっていたのである。

だが、2016年のいまはどうだろうか。いや、もっと前の1980年代以降はどうだろうか。早慶MARCHの学費が高い順の上位3校と、それに続く4校の学費の差は、最大で年額10万円ちょっとである。これで、学生に「お嬢さま」「お坊ちゃま」といった「階層差」が線引きされるのだろうか。

いまの受験生の大学選びで学費が大きな要素にはなりえないだろう。国公立大学と私立大学の比較ならば話はわかる。だが、学生も保護者も私立大学の学費の高低についてはあまり話題にしなくなった。

なお、学費と教育内容、就職実績には何ら因果関係はない。学費が高い大学は教育内容がしっかりしており、就職先も万全である、という理屈はまったく成り立たない。学費が安い大学は見劣りするということもない。受験生目線では、学費で大学を捉えることはほとんどない。

たとえば、法政大、青山学院大の両方に合格して、学費が安いから法政大を選ぶという受験生は多くはないだろう。学費を見比べるよりは、校風、教育内容、就職実績、通学のしやすさを優先させるはずだ。とはいっても、両者の開きである年間10万円×4年分の40万円は大金である。この現実をどう受け止めて、対応するか。ここで学生の味方となるのが返還義務のない給付型奨学金である。

奨学金予約制度、難関国家試験合格者に報奨金

奨学金は給付型と貸与型に分けられる。いま、国会でも議論されているのは、卒業後も借金を抱えることになる、日本学生支援機構の貸与型奨学金である。卒業後、数百万円を返還しなければならず、その後の社会生活に大きな支障を来す奨学金……というよりも学生ローンみたいなものだ。

給付型は返還義務がないため、いわば借金取りに追われることはない。いま、私立大学の多くが給付型に力を入れている。早慶ＭＡＲＣＨのおもな給付型奨学金をまとめた（図表1－4）。

給付型を受けるためには次の資格、条件が一般的である。①成績優秀者、②経済的困窮

図表1－4　おもな奨学金制度（給付型）

早稲田大

名称	支給額（年額）	採用（人）
めざせ! 都の西北奨学金	半期（春学期）の授業料を免除	約1,200
大隈記念奨学金	文系:70万円　理系・人科・スポーツ・国際教養:100万円	104
小野梓記念奨学金	40万円	481
校友会給付奨学金	40万円	35
早稲田大学緊急奨学金	40万円	春学期40 秋学期40

慶應義塾大

名称	支給額（年額）	採用（人）
学問のすゝめ奨学金	60万円（医学部は90万円、薬学部薬学科は80万円）	191
慶應義塾大学給費奨学金	20万円	271
慶應義塾創立150年記念奨学金 海外学習支援（年3回）	10万円、20万円、30万円	59
慶應義塾維持会奨学金	50万円、80万円（学部による）	105
慶應義塾大学特別奨学金（年2回）	平均31万円	32
慶應義塾大学経済支援給費奨学金	授業料の範囲内（平均25万円）	39

採用人数は 2015 年度実績

明治大

名称	支給額（年額）	採用（人）
明治大学給費奨学金	20万円～40万円または授業料年額の2分の1相当額	1,440以内
創立者記念奨学金	3万円～50万円	若干
明治鋼業奨学金	3万円	3
スポーツ奨励奨学金	授業料年額または授業料年額の2分の1相当額	180
学業奨励給費奨学金	30万円	120
連合父母会一般給付奨学金	25万円	100

図表1－4　おもな奨学金制度(給付型)

青山学院大

名称	支給額(年額)	採用(人)
青山学院大学経済支援給付奨学金	年間学費相当額限度	90
青山学院大学経済援助給付奨学金	50万円	6
青山学院大学学業成績優秀者表彰	5万円～20万円	－
青山学院大学大学課外活動等奨励賞	15万円	14

学業成績優秀者表彰 は 2016 年度から

立教大

名称	支給額(年額)	採用(人)
自由の学府奨学金	50万円(文系)、70万円(理系)	500程度
セントポール奨学金	40万円(文系)、60万円(理系)	250程度
立教大学 学業奨励奨学金	20万円	65
立教大学 学部給与奨学金	文系40万円、30万円 理系60万円、30万円	250程度
校友会奨学金	50万円	8以内
立教大学 ひとり暮らし応援奨学金	10万円	75程度

セントポール奨学金は 2017 年度から

中央大

名称	支給額(年額)	採用(人)
中央大学経済援助給付奨学金(所得条件型)	法、経済、商、文の4学部＝15万円、総合政策学部＝19万円、理工学部＝22万円	700(前期・後期計)
中央大学国外留学生奨学金	30万円(留学先地域及び留学期間に応じて決定)	60
中央大学指定試験奨学金	学費減免後の授業料・実験実習料の4/5相当額	50

図表1－4　おもな奨学金制度(給付型)

法政大

名称	支給額(年額)	採用(人)
チャレンジ法政奨学金 (入試出願前予約採用型給付奨学金)	文系38万円、理工系43万円	100
入学時特別奨学金(A方式入試)	授業料相当額	220
新・法政大学100周年記念奨学金型	文系=20万円 理工系=25万円	400
法政大学学生生活支援奨学金	12万円	268
学友会奨学金	文系25万円、理系35万円が上限	若干
成績最優秀者特別奨学金	授業料相当額	15
成績優秀者奨学金	授業料半額相当額	256
認定海外留学奨学金	授業料半額相当額	15以内
学術・文化奨励金	30万円を上限	20
指定試験合格者奨励金	授業料相当額	合格者全員

者、③地震や台風などの災害、保護者の病気などによる家計急変で学費支払いが困難になった者、④スポーツなどクラブや課外活動での成績優秀者、⑤難関国家試験の合格者、などである。

早慶ＭＡＲＣＨにおいて、最近、もっともトレンドなのが、成績優秀のカテゴリーとして、入試出願時に奨学金を予約できる制度だ。入試の成績が良ければ奨学金が支給される。卒業するまで成績が優秀であれば継続して支給される。対象は首都圏以外の受験生が一般的である。地方の優秀な学生を発掘したいという狙いだろう。立教大は２０１７年度から首都圏出身者のための予約制度をスタートさせる。優秀な学生に１人でも多く入ってもらいたいからだ。

また、難関国家試験の合格者に対する奨学金も整備されつつある。法政大は司法試験予備試験、公認会計士、税理士、弁理士、司法書士、国家公務員総合職の試験合格者には、在籍していた年度の授業料相当額を支給してくれる。報奨金といっていいだろう。これは早慶MARCHのなかで唯一の制度である。

受験生にはここまでの情報はなかなか行き届かない。大学選びの賢い方法として頭に入れておくのも悪くない。

3 入試難易度

早慶に続いてMARCHが混戦

受験生の大学選びは、あこがれから始まることが多い。だが、まもなく現実を直視する。

自分の成績でどのレベルの大学に進めるかを判断できなければ、入試に挑むことはできない。そこで参考にしなければならないのが、予備校が模試などによるデータの分析から作成する入試難易度だ。

早慶MARCHの難易度を1960年代からの推移と合わせてまとめた（332ページ）。どの学部もたいていは早慶2校が上位を独占し、それにMARCHが続くという図式である。MARCHについては学部によってかなり混戦状態だ。一部の学部を除けば大きく変わっていない。大学の難易度は、むかしの「伝統」がいまに引き継がれていることがよく示されている。学部ごとにみてみよう。

法学系は早慶の次は中央大の指定席となっている。2000年代から慶應義塾大の1位は商社、金融、マスコミへの就職実績の良さが反映されてのことだろう。中央大は多摩移転で司法試験実績が落ちたが、都心にできた法科大学院で盛り返している。法学部も法曹養成意識がかなり強い。法学部の都心回帰（2022年予定）で早慶を凌駕《りょうが》する心積もりがみてとれる。だからといって、法学部の難易度が司法試験実績に左右されるというものではない。難易度で立教大のほうが上にくる年が多いが、司法試験に強いのは明治大である。

経済学系は青学、立教のミッション系が3番手につく。これは2000年以降の傾向だ。優秀な女子が社会でのキャリア志向を強くもつようになって経済学部を目指すようになったようであり、その進学先にもともと女子が多かったミッション系が選ばれたということだろう。また早稲田の政経と慶應の経済のダブル合格で、1990年代までは早稲田に進むほうが多かったが、いまは、やや慶應に分がある。これも就職実績からだろう。中央大、法政大は多摩、明治大はお茶の水というロケーションから、3校のなかでは明治大を選ぶ受験生が少なくない。青山学院大は経済、法の2学部よりも後発の国際政治経済学部のほうが難易度は高い。

商・経営学系で、ここ数年、立教大が高いのはその教育内容が受験生のニーズに合ったからだろう。2006年新設で10年しか経っていないが、人気を集めている。世界に通用するビジネスリーダーの養成を掲げながら、「経営」という古めかしい名称が十分に通用した。「グローバルビジネス」とカタカナを使わなかったことが安心感を与えたのかもしれない。商学部系については、公認会計士試験の実績とそれほど相関していない。つまり、入試の難易度よりも、教育の中身で評価されている。

文学系はミッション系が3番手をキープする。2016年度は文学部が人気だったが、それを支えたのは、やはり優秀な女子である。なかでも英文、英米文が文学部のなかでも成績上位層が集まっている。もっとも、大学によっては心理学科のほうが英文科系より難易度が高いこともある。

4　就職実績

法学部は公務員、経済学部は銀行という傾向

2016年春の各大学の就職状況についてまとめた（図表1－5）。就職先の表記は原則として大学発表のものに準じている。

図表1－5　早稲田大就職先（2016年）

法学部

就職先	人
東京都Ｉ類	27
国家公務員一般職	17
三井住友銀行	15
国家公務員総合職	15
みずほフィナンシャルグループ	14
三菱東京UFJ銀行	12
東京海上日動火災保険	12
東京都特別区	12
りそなグループ	11
大和証券	9
三井住友信託銀行	8
三井住友海上火災保険	7
三菱UFJ信託銀行	6
野村證券	6
損害保険ジャパン日本興亜	6
ワークスアプリケーションズ	6

政治経済学部

就職先	人
みずほフィナンシャルグループ	23
三井住友銀行	21
東京都Ｉ類	20
三菱東京UFJ銀行	19
三菱UFJ信託銀行	14
日本放送協会	14
住友商事	12
SMBC日興証券	12
日本アイ・ビー・エム	11
国家公務員総合職	11
三井物産	10
伊藤忠商事	9
三菱商事	9
農林中央金庫	8
ゆうちょ銀行	8
損害保険ジャパン日本興亜	8
東京海上日動火災保険	8
ソフトバンク	8
アクセンチュア	8
デロイトトーマツコンサルティング	8
国家公務員一般職	8

商学部

就職先	人
みずほフィナンシャルグループ	29
東京海上日動火災保険	21
三井住友銀行	16
三菱東京UFJ銀行	16
大和証券	14
損害保険ジャパン日本興亜	11
SMBC日興証券	10
三井不動産リアルティ	10
日本アイ・ビー・エム	9
日本生命保険	9
東京都Ｉ類	9
三井物産	8
第一生命保険	8
三菱電機	7
ゆうちょ銀行	7
三菱UFJ信託銀行	7
野村證券	7
三井住友海上火災保険	7
東京都特別区	7

図表1－5　早稲田大就職先(2016年)

文学部

就職先	人
日本放送協会	10
東京都特別区	9
三井住友銀行	7
富士通	6
三菱東京UFJ銀行	6
東京都I類	6
朝日新聞社	5
第一生命保険	5
日本アイ・ビー・エム	4
三菱電機	4
三井物産	4
国家公務員一般職	4
農林中央金庫	3
ゆうちょ銀行	3
みずほフィナンシャルグループ	3
りそなグループ	3
三井住友海上火災保険	3
東京海上日動火災保険	3
損害保険ジャパン日本興亜	3
日本航空	3
神奈川県I種	3
埼玉県	3

教育学部

就職先	人
三井住友銀行	15
東京都教員	14
埼玉県教員	13
神奈川県教員	10
三菱東京UFJ銀行	9
国家公務員一般職	9
東京海上日動火災保険	8
東京都I類	8
みずほフィナンシャルグループ	7
三井住友信託銀行	7

教育学部

就職先	人
東京都特別区	7
富士通	6
りそなグループ	6
損害保険ジャパン日本興亜	6
KDDI	6

社会科学部

就職先	人
東京海上日動火災保険	11
三菱東京UFJ銀行	9
東京都I類	9
りそなグループ	8
みずほフィナンシャルグループ	7
国家公務員一般職	7
富士通	6
大和証券	6
楽天	6
東京都特別区	6
日本電気	5
三井住友銀行	5
横浜銀行	5
三井住友信託銀行	5
三井住友海上火災保険	5
損害保険ジャパン日本興亜	5

図表1－5　早稲田大就職先(2016年)

人間科学部

就職先	人
東京海上日動火災保険	10
みずほフィナンシャルグループ	9
三菱東京UFJ銀行	9
三井住友銀行	8
東京都特別区	7
日本アイ・ビー・エム	5
楽天	5
国家公務員一般職	5
東京都Ⅰ類	5
富士通	4
千葉銀行	4
明治安田生命保険	4
損害保険ジャパン日本興亜	4
三井不動産リアルティ	4
武田薬品工業	3
三菱電機	3
ゆうちょ銀行	3
りそなグループ	3
三菱UFJ信託銀行	3
クレディセゾン	3
三井住友信託銀行	3
大和証券	3
第一生命保険	3
日本生命保険	3
あいおいニッセイ同和損害保険	3
エイチ・アイ・エス	3
エヌ・ティ・ティ・データ	3
日本放送協会	3

文化構想学部

就職先	人
東京都Ⅰ類	11
みずほフィナンシャルグループ	9
損害保険ジャパン日本興亜	9
東京都特別区	9
三井住友銀行	8
東京海上日動火災保険	8
三井住友海上火災保険	7
三菱東京UFJ銀行	6
日本放送協会	6
りそなグループ	5
全日本空輸	5
エヌ・ティ・ティ・データ	5
ワークスアプリケーションズ	5
神奈川県Ⅰ種	5
凸版印刷	4
ゆうちょ銀行	4
三井住友信託銀行	4
第一生命保険	4
三井不動産リアルティ	4
ソフトバンク	4

図表1－5　早稲田大就職先（2016年）

国際教養学部

就職先	人
日本アイ・ビー・エム	10
楽天	10
三井住友銀行	9
三菱東京UFJ銀行	8
日本航空	8
三菱商事	7
日本経済新聞社	5
伊藤忠商事	5
みずほフィナンシャルグループ	5
東京海上日動火災保険	5
全日本空輸	5
博報堂	5
日本オラクル	5
日立製作所	4
富士通	4
スズキ	4
丸紅	4
住友商事	4
豊田通商	4
損害保険ジャパン日本興亜	4

基幹理工学部

就職先	人
エヌ・ティ・ティ・データ	4
日本電気	3
本田技研工業	3
全日本空輸	3
東日本電信電話	3
日本放送協会	3
日本アイ・ビー・エム	2
ファナック	2
パナソニック	2
トヨタ自動車	2
ヤマハ発動機	2
双日	2
キヤノンマーケティングジャパン	2
三井住友銀行	2
福岡銀行	2
ゆうちょ銀行	2
イオンクレジットサービス	2
大和証券	2
三井不動産リアルティ	2
日本航空	2
KDDI	2
NTTドコモ	2
エヌ・ティ・ティ・コミュニケーションズ	2
ワークスアプリケーションズ	2
アクロクエストテクノロジー	2
野村総合研究所	2
東京都Ⅰ類	2

図表1－5　早稲田大就職先(2016年)

創造理工学部

就職先	人
大成建設	6
清水建設	4
日本アイ・ビー・エム	3
キーエンス	3
キヤノン	3
三井物産	3
みずほフィナンシャルグループ	3
新日鉄住金ソリューションズ	3
国家公務員総合職	3
東京都Ⅰ類	3
戸田建設	2
TOTO	2
小松製作所	2
ダイキン工業	2
富士通	2
日産自動車	2
LIXIL	2
ニトリ	2
福岡銀行	2
三井住友銀行	2
SMBC日興証券	2
野村證券	2
東京海上日動火災保険	2
東日本旅客鉄道	2
東日本電信電話	2
東京電力	2
リクルートホールディングス	2
博報堂	2
フューチャーアーキテクト	2
メイテック	2
野村総合研究所	2
シンプレクス	2

先進理工学部

就職先	人
花王	2
パナソニック	2
静岡銀行	2
三井住友銀行	2
エヌ・ティ・ティ・データ	2

スポーツ科学部

就職先	人
三井住友銀行	6
三菱東京UFJ銀行	6
東京海上日動火災保険	6
美津濃	4
みずほフィナンシャルグループ	4
明治安田生命保険	4
オープンハウス	4
ソフトバンク	4
東日本電信電話	4
ワークスアプリケーションズ	4
パナソニック	3
トヨタ自動車	3
ファーストリテイリンググループ	3
SMBC日興証券	3
野村證券	3
第一生命保険	3
東日本旅客鉄道	3
電通	3

図表1－5　慶應義塾大就職先(2016年)

法学部

就職先	人
みずほフィナンシャルグループ	32
東京海上日動火災保険	28
三菱UFJ信託銀行	22
三井住友銀行	19
三菱東京UFJ銀行	19
三菱商事	18
三井物産	15
伊藤忠商事	13
損害保険ジャパン日本興亜	13
東京都	13
日本放送協会	13
三井住友海上火災保険	11

総合政策学部

就職先	人
みずほフィナンシャルグループ	8
電通	8
三井住友銀行	6
三菱東京UFJ銀行	6
デロイトトーマツコンサルティング	5
SMBC日興証券	4
ソフトバンク	4
ワークスアプリケーションズ	4
楽天	4
三井住友海上火災保険	4
大和ハウス工業	4
野村證券	4

経済学部

就職先	人
みずほフィナンシャルグループ	58
三井住友銀行	37
東京海上日動火災保険	27
三菱東京UFJ銀行	21
SMBC日興証券	18
野村證券	17
三井住友信託銀行	15
三菱UFJ信託銀行	15
損害保険ジャパン日本興亜	14
大和証券	14
第一生命保険	14
日本政策金融公庫	12
新日本有限責任監査法人	11
東京都	11
明治安田生命保険	11

商学部

就職先	人
みずほフィナンシャルグループ	42
三井住友銀行	26
三菱東京UFJ銀行	17
東京海上日動火災保険	16
野村證券	14
三井住友海上火災保険	13
大和証券	12
丸紅	10
三井住友信託銀行	10
三菱UFJ信託銀行	10
日本電気	9
SMBC日興証券	8
ゆうちょ銀行	8
新日本有限責任監査法人	8
損害保険ジャパン日本興亜	8
日本政策金融公庫	8
日本生命保険	8

図表1－5　慶應義塾大就職先（2016年）

文学部

就職先	人
みずほフィナンシャルグループ	17
東京海上日動火災保険	16
三井住友銀行	9
三菱東京UFJ銀行	8
第一生命保険	8
東京都	8
三菱UFJ信託銀行	7
りそなグループ	6
三井住友海上火災保険	6
損害保険ジャパン日本興亜	6
日本生命保険	6

環境情報学部

就職先	人
みずほフィナンシャルグループ	9
三井住友銀行	7
ヤフー	6
電通	6
東京海上日動火災保険	6
サイバーエージェント	4
三菱東京UFJ銀行	4
KDDI	3
リクルートホールディングス	3
楽天	3
三井住友海上火災保険	3
全日本空輸	3
損害保険ジャパン日本興亜	3
日本放送協会	3
富士通	3
野村総合研究所	3
AJS	2
JTB首都圏	2
SCSK	2
SMBC日興証券	2

理工学部

就職先	人
富士通	6
日立製作所	5
キヤノン	4
ソフトバンク	4
みずほフィナンシャルグループ	4
三井住友銀行	4
三菱東京UFJ銀行	4
日本生命保険	4
日本放送協会	4
LIXIL	3
アクセンチュア	3
エヌ・ティ・ティ・コミュニケーションズ	3
エヌ・ティ・ティ・データ	3
トヨタ自動車	3
三井住友海上火災保険	3
大和証券	3
東京海上日動火災保険	3
東京都	3
日産自動車	3
日本郵船	3

看護医療学部

就職先	人
慶應義塾大学病院	66
東京大学医学部附属病院	11
虎の門病院	5
井之頭病院	2
成仁病院	2

図表1－5　慶應義塾大就職先（2016年）

薬学部

就職先	人
慶應義塾大学病院	10
クインタイルズ・トランスナショナル・ジャパン	5
スギ薬局	5
アインファーマシーズ	3
シミック	3
ファイザー	3
協和発酵キリン	3
中外製薬	3
日本新薬	3
日本調剤	3

図表1－5　明治大就職先(2016年)

法学部

就職先	人
国家公務員一般職	25
東京都特別区	23
みずほフィナンシャルグループ	11
三菱東京UFJ銀行	8
SMBC日興証券	7
東京都	7
三井住友銀行	7
りそなグループ	7
警視庁	5
国税専門官	5
さいたま市	5
第一生命保険	5
千葉銀行	5
あいおいニッセイ同和損害保険	4
静岡銀行	4
日本郵政グループ	4
みずほ証券	4
三井住友海上火災保険	4
三菱UFJ信託銀行	4

商学部

就職先	人
みずほフィナンシャルグループ	16
三菱東京UFJ銀行	13
りそなグループ	9
国家公務員一般職	8
東京都特別区	8
日本郵政グループ	8
横浜銀行	8
損害保険ジャパン日本興亜	7
三井住友銀行	7
ワークスアプリケーションズ	7
大和証券グループ本社	6
千葉銀行	6
エヌ・ティ・ティ・コミュニケーションズ	5
KDDI	5
大日本印刷	5
東日本電信電話	5
みずほ証券	5
三井住友信託銀行	5
イオンフィナンシャルサービス	4
SMBC日興証券	4
エン・ジャパン	4
花王カスタマーマーケティング	4
ジェーシービー	4
十六銀行	4
新日本有限責任監査法人	4
日本政策金融公庫	4
東日本旅客鉄道	4
三井住友海上火災保険	4
楽天	4

図表1－5　明治大就職先（2016年）

政治経済学部

就職先	人
みずほフィナンシャルグループ	23
りそなグループ	15
三菱東京UFJ銀行	14
野村證券	11
三井住友海上火災保険	11
三井住友銀行	11
東京都特別区	10
SMBC日興証券	9
日本郵政グループ	8
東日本旅客鉄道	8
あいおいニッセイ同和損害保険	7
千葉銀行	7
日本電気	7
国家公務員一般職	6
全日本空輸	6
富士通	6
損害保険ジャパン日本興亜	5
大和証券グループ本社	5
日立製作所	5
船橋市役所	5
みずほ証券	5
三菱UFJニコス	5
アメリカンファミリーライフアシュアランスカンパニーオブコロンバス	4
京葉銀行	4
商工組合中央金庫	4
新日鐵住金	4
第一生命保険	4
日本アイ・ビー・エム	4
明治安田生命保険	4
ヤマハ発動機	4

文学部

就職先	人
日本郵政グループ	8
みずほフィナンシャルグループ	6
国家公務員一般職	4
JTBグループ	4
東京都特別区	4
京葉銀行	3
昭和システムエンジニアリング	3
大和ハウス工業	3
日本年金機構	3
東日本旅客鉄道	3
マイナビ	3
三菱東京UFJ銀行	3
三菱UFJ信託銀行	3
ヨドバシカメラ	3
楽天	3
ワークスアプリケーションズ	3
神奈川県教育委員会	2
埼玉県	2
JALスカイ	2
積水化学工業	2
千葉銀行	2
東京海上日動火災保険	2
東京都	2
東北新社	2
日本赤十字社	2
西村あさひ法律事務所	2
藤沢市	2
防衛省	2
三井住友海上火災保険	2
明治安田生命保険	2

図表1－5　明治大就職先（2016年）

経営学部

就職先	人
みずほフィナンシャルグループ	13
損害保険ジャパン日本興亜	7
りそなグループ	7
あいおいニッセイ同和損害保険	5
東京都特別区	5
三井住友海上火災保険	5
常陽銀行	4
日本アイ・ビー・エム	4
野村證券	4
ファーストリテイリンググループ	4
三井住友銀行	4
三菱UFJリース	4
旭化成ホームズ	3
いすゞ自動車	3
オープンハウス	3
商工組合中央金庫	3
凸版印刷	3
日本航空	3
東日本旅客鉄道	3
三菱電機	3
三菱東京UFJ銀行	3
武蔵野銀行	3
明治安田生命保険	3
楽天	3
LIXIL	3
アビームコンサルティング	2
国税専門官	2
全日本空輸	2
日清食品ホールディングス	2
ライオン	2

情報コミュニケーション学部

就職先	人
みずほフィナンシャルグループ	12
あいおいニッセイ同和損害保険	7
損害保険ジャパン日本興亜	5
第一生命保険	5
東日本電信電話	5
三菱東京UFJ銀行	5
ジュピターテレコム	4
東京都特別区	4
三井住友銀行	4
花王カスタマーマーケティング	3
日本生命保険	3
日本郵政グループ	3
ワークスアプリケーションズ	3
インテリジェンス	2
ANAエアポートサービス	2
伊藤忠テクノソリューションズ	2
神奈川県	2
国家公務員一般職	2
ソフトバンクグループ	2
JTBグループ	2
セブンーイレブン・ジャパン	2
大同生命保険	2
東京海上日動火災保険	2
都市再生機構	2
日本航空	2
パナソニック	2
東日本旅客鉄道	2
日立システムズ	2
三菱電機	2
りそなグループ	2

図表1－5　明治大就職先（2016年）

国際日本学部

就職先	人
ANAエアポートサービス	4
JALスカイ	4
日本アイ・ビー・エム	4
ファーストリテイリンググループ	4
みずほフィナンシャルグループ	4
三菱東京UFJ銀行	4
全日本空輸	3
ソフトバンクグループ	3
東京都教育委員会	3
プリンスホテル	3
三井住友銀行	3
近畿日本ツーリスト	2
JTBグループ	2
スズキ	2
住友生命保険	2
大和証券グループ本社	2
大和ハウス工業	2
千葉銀行	2
DMM.comグループ	2
TOTO	2
日本航空	2
防衛省	2
三井ホーム	2
三井住友海上火災保険	2
三菱製鋼	2
伊藤忠商事	1
クラブツーリズム	1
日本貿易振興機構	1
Mizkan J plus Holdings	1
三越伊勢丹	1

理工学部（大学院生を含む）

就職先	人
日立製作所	17
本田技研工業	12
三菱電機	10
キヤノン	9
清水建設	9
いすゞ自動車	8
大林組	8
オリンパス	8
大成建設	7
東京電力	7
SCSK	6
京セラ	6
トヨタ自動車	6
富士通ゼネラル	6
ヤマハ発動機	6
荏原製作所	5
鹿島建設	5
神奈川県教育委員会	5
ソフトバンクグループ	5
コニカミノルタ	5
東京都	5
東日本旅客鉄道	5
日野自動車	5
富士重工業	5
富士通	5
国家公務員一般職	4
小松製作所	4
スズキ	4
大和証券グループ本社	4
東芝	4
都市再生機構	4
日本電気	4
パナソニック	4
東日本電信電話	4
日立オートモティブシステムズ	4

図表1－5　明治大就職先（2016年）

農学部（大学院生を含む）

就職先	人
国家公務員一般職	5
日本政策金融公庫	5
食品環境検査協会	4
ソフトバンクグループ	4
味の素冷凍食品	3
永谷園	3
富士通エフサス	3
ポッカサッポロフード&ビバレッジ	3
アステラス製薬	2
アリアケジャパン	2
アヲハタ	2
小川香料	2
オリンパス	2
クミアイ化学工業	2
警視庁	2
神戸屋	2
埼玉県	2
サカタのタネ	2
シマダヤ	2
住商フーズ	2
全国農業	2
全国酪農業	2
千葉県	2
東京都特別区	2
凸版印刷	2
バンダイ	2
ファミリーマート	2
福島県	2
ブルボン	2
ホクレン農業	2
北海道	2
マルコメ	2
マルハニチロ	2
三重銀行	2

就職先	人
三井食品	2
持田製薬	2
森永エンゼルデザート	2
山梨県	2
養命酒製造	2

図表1－5　青山学院大就職先（2016年）

法学部

就職先	人
地方公務員（特別区）・東京都	9
みずほフィナンシャルグループ	8
全日本空輸	6
三井住友銀行	6
三菱UFJモルガン・スタンレー証券	6
三井住友信託銀行	5
三菱東京UFJ銀行	4
地方公務員（警察官）・東京都	3
パイオニア	3
地方公務員（市町村）・千葉県	3
明治安田生命保険	3
地方公務員（都道府県）・静岡県	3
SMBC日興証券	3
地方公務員（市町村）・東京都	3
地方公務員（都道府県）・埼玉県	3
地方公務員（都道府県）・東京都	3

経済学部

就職先	人
みずほフィナンシャルグループ	12
りそなグループ	9
三井住友銀行	9
三菱東京UFJ銀行	8
第一生命保険	5
日本郵政グループ	5
三井住友海上火災保険	5
日本生命保険	4
全日本空輸	4
横浜銀行	4
三菱UFJ信託銀行	3
大日本印刷	3
三井住友信託銀行	3
リコージャパン	3
三菱UFJモルガン・スタンレー証券	3
パソナ	3
SMBC日興証券	3
日立製作所	3
ジェーシービー	3
アメリカンファミリーライフアシュアランスカンパニーオブコロンバス	3

国際政治経済学部

就職先	人
三菱東京UFJ銀行	6
日本航空	6
三井住友銀行	5
日本アイ・ビー・エム	5
みずほフィナンシャルグループ	4
近畿日本ツーリスト	3
サイバーエージェント	3
地方公務員（特別区）・東京都	3
日本生命保険	3
博報堂プロダクツ	2
レジェンド・アプリケーションズ	2
野村證券	2
三菱商事マシナリ	2
鹿島建設	2
丸紅	2
楽天	2
星野リゾート	2
中日新聞社	2
りそなグループ	2
日本政策金融公庫	2
大和証券グループ	2
三菱UFJ信託銀行	2
ANAエアポートサービス	2
日本ヒューレット・パッカード	2
日本銀行	2

図表1－5　青山学院大就職先（2016年）

経営学部

就職先	人
みずほフィナンシャルグループ	13
日本郵政グループ	7
大和証券グループ	7
りそなグループ	6
三菱UFJ信託銀行	6
SMBC日興証券	6
三井住友海上火災保険	5
三井住友信託銀行	5
東京海上日動火災保険	5
三井住友銀行	5
三菱東京UFJ銀行	5
損害保険ジャパン日本興亜	5
富士通	5
NECソリューションイノベータ	4
ジェーシービー	4
インテリジェンス	4

教育人間科学部

就職先	人
公立・小学校・東京都	12
公立・小学校・神奈川県	12
三井住友銀行	8
地方公務員（特別区）・東京都	7
私立・幼稚園・東京都	6
全日本空輸	4
公立・中学校・東京都	4
あいおいニッセイ同和損害保険	4
楽天	3
私立・小学校・東京都	3
地方公務員（市町村）・埼玉	3
公立・小学校・埼玉県	3
みずほフィナンシャルグループ	3
三菱東京UFJ銀行	3

文学部

就職先	人
みずほフィナンシャルグループ	20
全日本空輸	20
JALスカイ	8
三井住友銀行	8
三菱東京UFJ銀行	7
地方公務員（市町村）・神奈川	7
楽天	6
日本航空	6
りそなグループ	5
第一生命保険	5
日本生命保険	5
日本郵政グループ	5
ANAエアポートサービス	5

図表1－5　青山学院大就職先(2016年)

社会情報学部

就職先	人
三菱東京UFJ銀行	4
旭化成ホームズ	2
アメリカンファミリーライフアシュアランスカンパニーオブコロンバス	2
SCSK	2
エヌ・ティ・ティ・データ	2
京セラコミュニケーションシステム	2
セディナ	2
第一生命保険	2
日本電気	2
日本郵政グループ	2
日本航空	2
日本生命保険	2
日本ユニシス	2
野村證券	2
船井総研ホールディングス	2
三井住友銀行	2
八千代銀行	2
横浜銀行	2
りそなグループ	2
ワークスアプリケーションズ	2

総合文化政策学部

就職先	人
三菱東京UFJ銀行	4
三井住友海上火災保険	3
大和証券グループ	2
凸版印刷	2
電通	2
ウェルカム	2
ソフトバンクグループ	2
地方公務員(市町村)・神奈川	2
東急エージェンシー	2
ヤフー	2
みずほフィナンシャルグループ	2

総合文化政策学部

就職先	人
損害保険ジャパン日本興亜	2
スタイラ	2
全日本空輸	2
住友商事	2
三菱電機	2
キリン	2
第一生命保険	2
アクシアエージェンシー	2
日本航空	2
日本生命保険	2
博報堂プロダクツ	2
博報堂アイ・スタジオ	2

理工学部

就職先	人
日本電気	7
アクセンチュア	5
NECソリューションイノベータ	5
みずほフィナンシャルグループ	5
SCSK	4
東海旅客鉄道	4
富士通エフサス	4
横浜銀行	4
地方公務員(市町村)・神奈川	4
伊藤忠テクノソリューションズ	3
大塚商会	3
キヤノン	3
KDDI	3
日本ヒューレット・パッカード	3
パナソニックシステムネットワークス	3
東日本旅客鉄道	3
日立システムズ	3
LIXIL	3
東芝	2
トヨタ自動車	2
富士通	2

図表1－5　立教大就職先（2016年）

法学部

就職先	人
三井住友銀行	14
国家公務員一般職	10
三菱東京UFJ銀行	9
みずほフィナンシャルグループ	7
東京都人事委員会	7
三菱UFJ信託銀行	7
りそなホールディングス	6
三井住友海上火災保険	6
SMBC日興証券	6
警視庁	6
東京都特別区	5
全日本空輸	5
横浜市	5

経済学部

就職先	人
みずほフィナンシャルグループ	23
三井住友銀行	18
三菱東京UFJ銀行	13
三井住友海上火災保険	10
りそなホールディングス	8
あいおいニッセイ同和損害保険	8
損害保険ジャパン日本興亜	7
日本生命保険	7
ソフトバンクグループ	6
SMBC日興証券	5
ワークスアプリケーションズ	5
商工組合中央金庫	5
明治安田生命保険	5

経営学部

就職先	人
日本アイ・ビー・エム	7
みずほフィナンシャルグループ	6
損害保険ジャパン日本興亜	6
ワークスアプリケーションズ	5
ヤフー	5
三菱東京UFJ銀行	4
三井住友海上火災保険	4
楽天	4
ソフトバンクグループ	4
東京海上日動火災保険	3
パソナ	3
三菱UFJ信託銀行	3
SMBC日興証券	3
東日本電信電話	3
イオンフィナンシャルサービス	3
パナソニック	3
いすゞ自動車	3

文学部

就職先	人
三菱東京UFJ銀行	15
みずほフィナンシャルグループ	11
三井住友海上火災保険	9
東京都特別区	9
三井住友銀行	8
全日本空輸	7
日本航空	7
東京都教員	7
埼玉県教員	5
アメリカンファミリーライフアシュアランスカンパニーオブコロンバス	4
常陽銀行	4
千葉県教員	4

図表1－5　立教大就職先(2016年)

異文化コミュニケーション学部

就職先	人
日本航空	3
日本放送協会	2
日本アイ・ビー・エム	2
楽天	2
住友倉庫	2
日新航空サービス	2
イーオン	2

社会学部

就職先	人
三井住友銀行	12
みずほフィナンシャルグループ	6
千葉銀行	6
日本放送協会	5
全日本空輸	5
ジュピターテレコム	5
東京海上日動火災保険	5
東京都特別区	5
りそなホールディングス	4
リクルートスタッフィング	4
凸版印刷	4

観光学部

就職先	人
JTBコーポレートセールス	7
JTB首都圏	5
三井住友銀行	4
全日本空輸	4
日本航空	4
三菱UFJニコス	4
エイチ・アイ・エス	4
ルミネ	4
JALスカイ	3
日本アイ・ビー・エム	3
大和証券	3

観光学部

就職先	人
ワークスアプリケーションズ	3
ANAエアポートサービス	3

現代心理学部

就職先	人
三菱東京UFJ銀行	4
読売広告社	3
損害保険ジャパン日本興亜	2
東日本電信電話	2
全日本空輸	2
ジュピターテレコム	2
日本アクセス	2
りそなホールディングス	2
日本生命保険	2
日本郵便	2
大丸松坂屋百貨店	2
イマジカデジタルスケープ	2
日本放送協会	2
ニチイ学館	2
ソニー・ミュージックエンタテインメント	2
花組	2

図表1－5　立教大就職先（2016年）

理学部

就職先	人
りそなホールディングス	4
国家公務員一般職	3
東日本電信電話	3
富士通システムズ・イースト	2
日本ヒューレット・パッカード	2
日本アイ・ビー・エム	2
エヌ・ティ・ティ・データ	2
アサヒビール	2
富士通	2
いえらぶGROUP	2
SCSK	2
テンダ	2
鉄道情報システム	2

コミュニティ福祉学部

就職先	人
三菱東京UFJ銀行	7
さいたま市	7
三井住友銀行	6
みずほフィナンシャルグループ	6
ベネッセスタイルケア	5
東京都特別区	4
りそなホールディングス	3
千葉銀行	3
野村證券	3
三井住友海上あいおい生命保険	3

図表1－5　中央大就職先(2016年)

法学部

就職先	人
東京都	22
みずほフィナンシャルグループ	17
りそなホールディングス	15
三井住友銀行	12
国税庁	11
三菱東京UFJ銀行	9
ワークスアプリケーションズ	8
損保ジャパン日本興亜	7
埼玉県	7
八王子市	7
神奈川県	7
横浜市	7
凸版印刷	6
あいおいニッセイ同和損害保険	6
三井住友信託銀行	6
明治安田生命保険	6
川崎市	6

総合政策学部

就職先	人
ジェイティービー	5
三井住友銀行	5
みずほフィナンシャルグループ	3
ワークスアプリケーションズ	3
全日本空輸	3
自衛隊	3
日本放送協会	2
東京産業	2
みずほ情報総研	2
レイス	2
日本生命保険	2
国税庁	2
千葉県	2
相模原市	2

経済学部

就職先	人
みずほフィナンシャルグループ	12
三菱東京UFJ銀行	10
三井住友銀行	10
国税庁	9
東京都	9
大和証券グループ	7
商工組合中央金庫	6
SMBC日興證券	6
りそなホールディングス	6
相模原市	6
第一生命保険	5
インテリジェンスビジネスソリューションズ	5
ワークスアプリケーションズ	5

商学部

就職先	人
みずほフィナンシャルグループ	16
三菱東京UFJ銀行	12
あいおいニッセイ同和損害保険	10
三井住友銀行	10
東日本旅客鉄道	9
損害保険ジャパン日本興亜	8
りそなホールディングス	8
大和証券グループ本社	7
ソフトバンク	7
国税庁	7
明治安田生命保険	6
新日本有限責任監査法人	6
全日本空輸	6

図表1−5　中央大就職先(2016年)

文学部

就職先	人
みずほフィナンシャルグループ	18
東京都教育委員会	9
三井住友銀行	6
東日本旅客鉄道	6
臨海	6
エイチ・アイ・エス	5
日本生命保険	5
三菱東京UFJ銀行	5
ジェイティービー	4
全日本空輸	4
イトーヨーカ堂	4
損保ジャパン日本興亜	4
東京都	4
日本郵便	4

理工学部(大学院生を含む)

就職先	人
東京都	16
東京都教育委員会	9
SCSK	8
日本電気	8
キヤノン	7
日立システムズ	7
東日本旅客鉄道	6
東日本電信電話	6
千葉県	6
横浜市	6
NECソリューションイノベータ	5
本田技研工業	5
三菱東京UFJ銀行	5
トヨタ自動車	5
東海旅客鉄道	5
川崎市	5

図表1－5　法政大就職先(2016年)

法学部

就職先	人
都道府県	17
東京都特別区	16
警視庁	9
政令指定都市	8
みずほフィナンシャルグループ	8
三井住友銀行	7
日本生命保険	5
千葉銀行	5
みずほ証券	5
日本郵政グループ	5
日本通運	5
野村證券	4
ワークスアプリケーションズ	4
ユーシーカード	4
東京消防庁	4
大和証券グループ	4

経営学部

就職先	人
三井住友銀行	10
ワークスアプリケーションズ	6
三菱東京UFJ銀行	6
都道府県	6
オリックスグループ	6
りそなグループ	6
みずほフィナンシャルグループ	6
損害保険ジャパン日本興亜	5
日本郵政グループ	5
千葉銀行	4
イオンクレジットサービス	4
マクニカ	4
三菱UFJニコス	4
あいおいニッセイ同和損害保険	4
日本カーソリューションズ	4
富士通エフサス	4
東京都特別区	4

経済学部

就職先	人
みずほフィナンシャルグループ	19
三井住友銀行	16
東京都特別区	11
大和証券グループ	9
都道府県	6
損害保険ジャパン日本興亜	6
横浜銀行	5
日本郵政グループ	5
三菱東京UFJ銀行	5
中央労働金庫	5
ジェーシービー	4
第一生命保険	4
エイチ・アイ・エス	4
オリックスグループ	4
東日本旅客鉄道	4
みずほ証券	4

図表1－5　法政大就職先(2016年)

文学部

就職先	人
みずほフィナンシャルグループ	6
日本郵政グループ	5
警視庁	5
三菱東京UFJ銀行	4
明治安田生命保険	4
都道府県	4
三井不動産リアルティ	4
セブン&アイ・ホールディングス	4
日本出版販売	3
東日本旅客鉄道	3
ファーストリテイリンググループ	3
しまむら	3
ジュピターテレコム	3
オルビス	3
東京都特別区	3
メディセオ	3
ヨドバシカメラ	3
日本発条	3

国際文化学部

就職先	人
JTBグループ	8
全日本空輸	4
三菱東京UFJ銀行	4
みずほフィナンシャルグループ	3
KNT-CTホールディングスグループ	3
トヨタ自動車	2
日本航空	2
三井住友銀行	2
損害保険ジャパン日本興亜	2
日本生命保険	2
太平洋セメント	2
明治安田生命保険	2
日本郵政グループ	2
セブン&アイ・ホールディングス	2

国際文化学部

就職先	人
千葉銀行	2
ANAエアポートサービス	2

デザイン工学部

就職先	人
東京都特別区	10
政令指定都市	9
都道府県	9
旭化成ホームズ	5
ヤフー	4
鹿島建設	3
三井ホーム	3
東日本旅客鉄道	2
東海旅客鉄道	2
大成建設	2
日本工営	2
長谷工コーポレーション	2
日立ソリューションズ	2
大和ハウス工業	2
住友林業	2
ポラス	2
八千代エンジニヤリング	2
都市再生機構	2
伊藤忠テクノソリューションズ	2
エヌ・ティ・ティ・データ・システム技術	2

図表1－5　法政大就職先(2016年)

社会学部

就職先	人
東京都特別区	8
東日本旅客鉄道	8
日本郵政グループ	8
SMBC日興証券	6
都道府県	6
三井住友銀行	6
JTBグループ	5
日本通運	5
リクルートグループ	4
ソフトバンクグループ	4
千葉銀行	3
中央労働金庫	3
マイナビ	3
常陽銀行	3
日本放送協会	3
政令指定都市	3
アメリカンファミリーライフアシュアランスカンパニーオブコロンバス	3
みずほフィナンシャルグループ	3
富士通エフサス	3
ジェーシービー	3

情報科学部

就職先	人
アルファシステムズ	6
エムティーアイ	4
イットーソフトウエア	3
富士通	3
NECフィールディング	3
日立システムズ	2
総務省	2
ユニシステム	2
ソーバル	2
日立製作所	1
野村総合研究所	1

情報科学部

就職先	人
アクセンチュア	1
ヤフー	1
オリンパス	1
スクウェア・エニックス	1
千葉銀行	1
日本電気	1
野村證券	1
ソフトバンクグループ	1
キヤノン	1

人間環境学部

就職先	人
日本郵政グループ	6
みずほフィナンシャルグループ	6
東京都特別区	5
三菱東京UFJ銀行	5
都道府県	4
政令指定都市	4
大和ハウス工業	3
JTBグループ	3
全日本空輸	2
富士重工業	2
オリックスグループ	2
日本生命保険	2
大京グループ	2
竹中工務店	2
旭化成ホームズ	2
東京建物アメニティサポート	2
近鉄エクスプレス	2
三井住友銀行	2
我孫子市	2
京葉瓦斯	2

図表1－5　法政大就職先（2016年）

キャリアデザイン学部

就職先	人
みずほフィナンシャルグループ	7
三井住友銀行	5
リクルートグループ	3
千葉銀行	3
ファーストリテイリンググループ	2
三菱東京UFJ銀行	2
ソフトバンクグループ	2
JALスカイ	2
あいおいニッセイ同和損害保険	2
東日本旅客鉄道	2
ナイス	2
東京都教員	2
インテリジェンス	2
NECネッツエスアイ	2
神奈川県警	2
茅ヶ崎市	2
守谷商会	2
ディップ	2

グローバル教養学部

就職先	人
楽天	2
アサツーディ・ケイ	1
アクセンチュア	1
共同通信社	1
三井住友銀行	1
スズキ	1
新日鐵住金	1
全日本空輸	1
マルハニチログループ	1
カタール航空	1
ヤマト運輸	1
古河産業	1
トレンドマイクロ	1
オズマピーアール	1

グローバル教養学部

就職先	人
クリーク・アンド・リバー社	1
ECC	1
三井物産スチール	1
ニフティ	1
トーメンエレクトロニクス	1
NTTデータグローバルソリューションズ	1

理工学部

就職先	人
スズキ	4
NECソリューションイノベータ	4
日立システムズ	4
メイテックグループ	4
NECネッツエスアイ	3
バニラエア	3
ANAエアポートサービス	3
ANAウイングス	3
ソフトバンクグループ	3
東日本旅客鉄道	3
NSD	3
東京海上日動システムズ	3
損保ジャパン日本興亜システムズ	3
トヨタ自動車	2
全日本空輸	2
東日本電信電話	2
三井住友銀行	2
富士重工業	2
三菱電機	2
東京電力	2

図表1－5　法政大就職先（2016年）

生命科学部

就職先	人
都道府県	3
スズケン	2
経済産業省	2
東芝	2
ヤマザキナビスコ	1
東日本電信電話	1
カネボウ化粧品	1
日本製粉	1
野村證券	1
村田製作所	1
高梨乳業	1
日本電気	1
京セラグループ	1
LIXIL	1
大王製紙	1
日本郵政グループ	1
伊藤ハム	1
大和証券グループ	1
山崎製パン	1
林野庁	1

現代福祉学部

就職先	人
政令指定都市	6
都道府県	4
日本郵政グループ	3
みずほフィナンシャルグループ	3
ベネッセスタイルケア	2
京葉銀行	2
リコージャパン	2
セブン&アイ・ホールディングス	2
東京都特別区	2
ニチイ学館	2
そよかぜの丘	2
ツクイ	2

現代福祉学部

就職先	人
日本赤十字社	1
三井住友銀行	1
日本銀行	1
マルハニチログループ	1
大塚製薬	1
キユーピー	1
JTBグループ	1
東日本旅客鉄道	1

スポーツ健康学部

就職先	人
三井住友海上火災保険	2
デサント	2
警視庁	2
東京都教員	2
三菱東京UFJ銀行	2
第一生命保険	2
三井物産	1
全日本野球協会	1
東海旅客鉄道	1
キリン	1
楽天	1
積水化学工業	1
三井住友銀行	1
ソフトバンクグループ	1
大王製紙	1
モルテン	1
大日本印刷	1
みずほフィナンシャルグループ	1
ANAエアポートサービス	1
エイチ・アイ・エス	1

早慶ＭＡＲＣＨで大学、学部ごとに特徴を見いだすのはむずかしいが、どの大学も法、経済、経営、商など伝統的な学部には、公務員、銀行、証券、保険、メーカーが多い。情報、政策、文化、国際など新しい学部は、銀行、証券に加えて新興のＩＴ関連、情報系、流通系が多い。こうしたなか、早慶ＭＡＲＣＨの伝統に基づいた得意分野、意外な側面が見えてくる。個別に見てみよう。

早稲田大は、政治経済、法の2学部で東京都Ⅰ類、国家公務員総合職といったキャリア官僚が多い。意外に思われるのは、「在野」意識が抜け切れない50代以上のＯＢＯＧであり、「ミニ東大化」と批判しても、学生にすればピンとこないだろう。商学部が元気である。みずほフィナンシャルグループは前年比で11人増、東京海上日動火災保険も5人増となっており、業界トップクラスの金融、損保への採用者がいずれも早稲田ではもっとも多い。政治経済、文、文化構想の3学部で日本放送協会（ＮＨＫ）が上位にくるのは、マスコミ志向の強い早稲田らしさがうかがえる。国際教養学部の上位2社の日本アイ・ビー・エムは外資系、楽天は英語が社内公用語の企業であり、学部の特徴がよく示されている。

慶應義塾大は、みずほフィナンシャルグループ附属大学といってもいいぐらい、同グループに強い。これは2016年春に限ったことではなく、2003年に同グループが発足して以来、慶應からの採用者が多かった。

みずほフィナンシャルグループは、第一勧業銀行、富士銀行、日本興業銀行などの合併によって今日にいたる。慶應はこれら3銀行に多くの卒業生を送り出していた、という「実績」もあり、OBOG訪問には苦労しない就職先といわれている。文系学部はメガバンクといわれる銀行をしっかり押さえているなか、法学部は商社、経済学部は保険、商学部は証券が多い。環境情報学部はヤフー、サイバーエージェント、楽天が上位に顔を出しており、学部教育の特性をしっかり示している。

明治大の法学部は東京都特別区、都庁、警視庁など都内の公務員志向が強い。政治経済、商、法の3学部でりそなグループ、三菱東京UFJ銀行に採用者が多いのは、伝統的な流れである。経営学部は金融、メーカー、サービス、情報、公務員と業種がばらけるのが特徴だ。文学部は他大学の文学系学部に比べると銀行、公務員が多い。国際日本学部は、航空業界が多く女子の採用が目立っている。情報コミュニケーション学部は、東日本電信電話やジュピターテレコムなど情報、通信系が見られるが、銀行、損保が多い。銀行や損保で情報部門での活躍が見込まれてのことだろう。

新設学部の就職先は情報、通信系が多い

青山学院大で特徴的なのは、文系学部で交通、旅行業界に強いことである。文学部の全日本空輸、日本航空および関連会社への採用者は、他大学の追随を許さないだろう。キャビンアテンダントの多さは目立つが、総合職、一般職にもたくさん採用されている。経済学部は銀行、経営学部は保険に強い。法学部は地方公務員、教育人間科学部は首都圏の教員へ堅実に進んでいる。社会情報、総合文化政策の2学部は銀行、証券に加えて、広告会社、通信、IT、シンクタンク、情報系企業を得意とする。電通、東急エージェンシー、船井総研ホールディングス、ソフトバンクグループ、ヤフーなどである。

立教大について、法学部は銀行と公務員、経済学部は銀行と保険に多くの人材が輩出している。経営学部が日本アイ・ビー・エム、ワークスアプリケーションズ、ヤフーなど外資系企業に強いのはグローバルビジネスリーダー養成を掲げる学部教育の成果であろう。文学部は教育学科があるので教員、公務員が目立っている。文学科（英米文学、フランス文学、ドイツ文学）からは銀行に進んでいる。観光学部にJTB系列、エイチ・アイ・エス、全日本空輸、日本航空など旅行、航空業界が多いのは、この学部を選んだ受験生の初

志貫徹といっていい。

中央大の法学部は法科大学院進学者が185人以上いる（うち、中央大法科大学院は51人）。就職者は国家公務員69人、地方公務員185人。これと対照的なのが総合政策学部で国家公務員7人、地方公務員16人となっている。法律や政治を学ぶ学生と、政策を考える学生は志向が異なるようだ。総合政策学部の就職先は旅行、銀行、情報、自衛隊とバラエティーに富んでいる。経済、商の2学部の進路はとてもよく似ており、銀行、証券に強い。文学部からは教員が多く、公立学校21人、私立学校13人の採用が決まっている。

法政大は、公務員の法学部、公務員と銀行の経済学部、銀行の経営学部、銀行と情報のキャリアデザイン学部、旅行と航空の国際文化学部、情報通信の情報科学部などと色分けできる。たとえば、キャリアデザイン学部は、三井住友銀行、三菱東京UFJ銀行、リクルートグループ、ソフトバンクグループなど。国際文化学部はJTBグループ、全日本空輸、日本航空などである。

文学部はみずほフィナンシャルグループ、三菱東京UFJ銀行など銀行と公務員が多かった。もっとも、こうした特徴は年によって大きく変わり、文学部も業種がばらつかないこともある。他の早慶MARCHにくらべて一つの業種、一つの企業に就職者が集中するという傾向はあまり見られないようだ。就職者の多様性ということばが似合う大学である。

第2章　早慶MARCHの教育、研究、施設を検証する

1 学部、学科構成

農学部の明治、観光学部の立教

早慶MARCHにはどんな学部、学科があるのか。

受験生の親世代(40~50代)からみると、法、経済、経営、商、政治経済、文、理工といった学部を思い浮かべるだろう。40代前半の親であれば、慶應義塾大湘南藤沢キャンパスの総合政策、環境情報(SFC、1990年設置)の2学部は聞いたことがあるかもしれない。それでも、「知っている学部名をあげてください」といわれたところで、せいぜい7~8学部しか出てこないのではないか。しかし、中央大以外は10学部以上ある。受験生にしても、高校教師にしても、早慶MARCHにブランド力があるとはいえ、7校すべての学部をそらんじる人は、相当な大学おたくである。

7校の学部・学科構成をまとめてみた（図表2－1）。自然科学系などは151ページ参照。

早慶MARCHにはだいたい同じような学部が並んでいる。どこにもあるのが法学部、文学部である。学科を合わせれば経済学部も揃う。学科では政治学科はどこにでもある（青山学院大のみ国際政治学科）。経営は早慶を除けばある。もちろん、早慶で経営学が学べないというわけではない。商学部に経営学を学べる専門領域がある。コース、専攻を合わせれば英文、日本文、心理なども揃っている。

文科省が推進する大学のグローバル化に対応するような、「国際」「グローバル」という名がつく学部があるのは早稲田大、明治大、青山学院大、法政大である。学科を合わせれば立教大、中央大が加わる。なぜか、慶應義塾大だけ「国際」を掲げる学部学科がない。コミュニケーションをうたう学部が明治大、立教大にある。それぞれ「情報」と「異文化」という枕詞がつくが、カリキュラム、科目には共通項がある。

少数派学部はどうだろうか。医学部と薬学部と看護系学部は慶應義塾大、農学部は明治大、観光学部は立教大しかない。スポーツ系は早稲田大と法政大、福祉系は立教大と法政大、教育系は早稲田大、青山学院大にある。

図表2－1　学部

早稲田大（13学部）	法学部	社会科学部	創造理工学部
	政治経済学部	人間科学部	先進理工学部
	商学部	文化構想学部	スポーツ科学部
	文学部	国際教養学部	
	教育学部	基幹理工学部	
慶應義塾大（10学部）	法学部	環境情報学部	
	総合政策学部	理工学部	
	経済学部	看護医療学部	
	商学部	薬学部	
	文学部	医学部	
明治大（10学部）	法学部	国際日本学部	
	政治経済学部	情報コミュニケーション学部	
	経営学部	総合数理学部	
	商学部	理工学部	
	文学部	農学部	
青山学院大（10学部）	法学部	教育人間科学部	
	経済学部	社会情報学部	
	国際政治経済学部	総合文化政策学部	
	経営学部	地球社会共生学部	
	文学部	理工学部	
立教大（10学部）	法学部	社会学部	
	経済学部	観光学部	
	経営学部	現代心理学部	
	文学部	理学部	
	異文化コミュニケーション学部	コミュニティ福祉学部	
中央大（6学部）	法学部	理工学部	
	総合政策学部		
	経済学部		
	商学部		
	文学部		
法政大（15学部）	法学部	デザイン工学部	グローバル教養学部
	経済学部	社会学部	理工学部
	経営学部	情報科学部	生命科学部
	文学部	人間環境学部	現代福祉学部
	国際文化学部	キャリアデザイン学部	スポーツ健康学部

図表2－1　学部学科(人文社会)

法学、政治学、経済学系

大学	学部	学科		
		法学系	政治学系	経済学系
早稲田大	法学部	ー		
早稲田大	政治経済学部		政治 国際政治経済	経済
慶應義塾大	法学部	法律	政治	
慶應義塾大	総合政策学部		総合政策	
慶應義塾大	経済学部			経済
明治大	法学部	法律		
明治大	政治経済学部		政治 地域行政	経済
青山学院大	法学部	法		
青山学院大	経済学部			経済 現代経済デザイン
青山学院大	国際政治経済学部		国際政治	国際経済
立教大	法学部	法 国際ビジネス法	政治	
立教大	経済学部			経済 経済政策
立教大	コミュニティ福祉学部		コミュニティ政策	
中央大	法学部	法律 国際企業関係法	政治	
中央大	総合政策学部		政策科学 国際政策文化	
中央大	経済学部			経済 経済情報システム 国際経済 公共・環境経済
法政大	法学部	法律	政治 国際政治	
法政大	経済学部			経済 国際経済 現代ビジネス

図表2－1　学部学科（人文社会）

経営学、商学、会計学系

大学	学部	学科		
		経営学系	商学系	会計学系
早稲田大	商学部		―	
慶應義塾大	商学部		商	
明治大	経営学部	経営 公共経営		会計
明治大	商学部		商	
青山学院大	経営学部	経営	マーケティング	
立教大	経済学部			会計ファイナンス
立教大	経営学部	経営 国際経営		
中央大	商学部	経営 金融	商業・貿易	会計
法政大	経営学部	経営 経営戦略 市場経営		

図表2－1　学部学科(人文社会)

文学、社会学、心理学系

大学	学部	学科		
		文学系	社会学系	心理学系
早稲田大	文学部	文学		
早稲田大	教育学部	国語国文 英語英文	社会	
早稲田大	社会科学部		社会科学	
慶應義塾大	文学部	人文社会		
明治大	文学部	文学		心理社会
青山学院大	文学部	英米文 フランス文 日本文		
青山学院大	教育人間科学部			心理
立教大	文学部	文学		
立教大	社会学部		社会 メディア社会	
立教大	観光学部		観光	
立教大	現代心理学部			心理
中央大	文学部	人文社会		
法政大	文学部	日本文 英文		心理
法政大	社会学部		社会政策科学 社会 メディア社会	
法政大	現代福祉学部			臨床心理

文学部の文学科系は専門教育を学ぶにあたってコース、専攻、専修、課程などに分かれる。早慶ＭＡＲＣＨのなかには、仏文学科が仏文学専攻に変わったところがある。40代以上の仏文学科出身者が、同学科がなくなっていることに驚かれるかもしれないが、1990年代以降、学科の改組が行われて、このような学部・学科構成となった。

早稲田大文学部文学科は心理学、教育学、英文学、日本史など17コース。慶應義塾大文学部人文社会学科は西洋史学、国文学、図書館・情報学、社会学、仏文学など17専攻。明治大文学部文学科日本文学、ドイツ文学、演劇学など６専攻。中央大文学部人文社会学科はフランス語文学文化、哲学、社会情報学など13専攻。立教大文学部文学科は英米文学、フランス文学など５専修に分かれる。詳細は大学案内、ウェブサイトを参考にしてほしい。

図表2－1　学部学科(人文社会)

教育学、地理学、歴史学系

大学	学部	学科		
		教育学系	地理学系	歴史学系
早稲田大	教育学部	教育		
明治大	文学部			史学地理
青山学院大	文学部			史学
青山学院大	教育人間科学部	教育		
立教大	文学部	教育		史学
法政大	文学部		地理	史学

文化、国際、宗教系

大学	学部	学科		
		文化系	国際系	宗教系
早稲田大	教育学部	複合文化		
早稲田大	文化構想学部	文化構想		
早稲田大	国際教養学部		国際教養	
明治大	国際日本学部		国際日本	
青山学院大	国際政治経済学部		国際コミュニケーション	
青山学院大	総合文化政策学部	総合文化政策		
青山学院大	地球社会共生学部		地球社会共生	
立教大	文学部			キリスト教
立教大	異文化コミュニケーション学部	異文化コミュニケーション		
立教大	社会学部	現代文化		
立教大	観光学部	交流文化		
法政大	国際文化学部	国際文化		
法政大	グローバル教養学部		グローバル教養	

　早稲田大教育学部社会科には地理歴史専修があり、地理学系、歴史学系ともに学べる。

　明治大文学部史学地理学科には地理学専攻があり、ここで地理学系を学べる。

図表2－1　学部学科(人文社会)

芸術、情報、哲学系

大学	学部	学科		
		芸術系	情報系	哲学系
明治大	情報コミュニケーション学部		情報コミュニケーション	
青山学院大	文学部	比較芸術		
青山学院大	社会情報学部		社会情報	
立教大	現代心理学部	映像身体		
法政大	文学部			哲学

1990年代以降に新設された学部は、総合政策のように「総合」「政策」「人間」「環境」「社会」「情報」「文化」などを合わせた4文字熟語系が多い。受験生目線からいえば、法、文、経済、理工などは、何を学び将来どういう方向に進むことができるかについてイメージしやすい。学部の名称でその中身がだいたい理解できる。だが、総合政策、環境情報、国際文化、人間環境などの4文字熟語系は、大学が教育内容や進路などをしっかり伝えないと、受験生は具体的にイメージしにくい。大学によっては難易度、志願者数で4文字熟語系がやや劣勢に立たされている。受験生へのより細かな説明が必要となる。

地球社会共生、キャリアデザインとは何か

学部数トップは法政大の15学部。1998年まではしばらく6学部体制だったが、15年で9学部も増やしてしまっ

た。やはり、似たような学部の名前があり、受験生がその違いを理解するのはむずかしい。国際文化学部とグローバル教養学部が字面からは同じように見える。人間環境学部、スポーツ健康学部、現代福祉学部も、人間をテーマにしているという意味で重なっている。

キャリアデザイン学部は名称から就職課、キャリアセンターをイメージしてしまう。教育目標には、「自らのキャリア（生き方、学び方、働き方）を主体的に開拓していくことのできる自律的／自立的な人づくり」「他者のキャリア形成を支援していくことのできる専門性をもつ人づくり」（同大学ウェブサイト）と記されている。これらを学問的にアプローチするわけだが、卒業生の就職実績によって学部の真価が問われてしまう。

明治大の情報コミュニケーション学部は2年次以降、「社会システムと公共性」「組織とコミュニティ」「多文化と国際協調」「メディアと環境」の4コースに分かれる。政治経済学部、経営学部、国際日本学部の領域と重なってくる。情報コミュニケーション学部は学部横断型をうたっているが、その良さがどのように示されるか。十分なアピールが必要となる。

立教大でもっとも新しい学部となった経営学部はわかりやすい。大規模大学で経営学部の新設は、1980年代以降、ほとんどなかった。そういう意味でかえって新鮮な響きがある。実際、志願者を多く集め「経営」という名称が、いまの受験生にも通用することを証明している。

早慶MARCHのなかでもっとも新しい学部が、青山学院大が2015年に作った地球社会共生学部である。教育理念として「世界中の人と痛みを共有し、共に学び、共に世界を切り拓く」ことを訴えている。だが、同大学に既存の国際政治経済学部、総合文化政策学部と通じるテーマはいくつかある。かぶらないだろうか。

バブル経済が崩壊した1990年代前半以降、長引く不況にあって、企業や自治体で合併が相次いだ。世の中全体が無駄をなくしてスリム化を進めようとしていた。ところが大学は違った。少子化にもかかわらず、ひたすら拡大路線を走る。学部を増やして、既存学部の入学定員枠も広げた。早慶MARCHはそれまで5〜6学部だったが、どこも10学部を超える勢いで頭数を揃えていく。

こうしたなか、中央大だけは1993年に総合政策学部を作ったあと、長い間、学部を作らなかった。むやみに学部拡大路線を走らなかったと高く評価される一方、最新テーマに対応できず時代に取り残されたというシビアな見方もある。新しい学部を作りたくても、学内事情でかなわなかったという事情もあるようだ。そんな中央大も、2015年、新設学部の構想を打ち出した。総合政策学部の改組を予定しているが、詳細はまだ明らかにされていない。

2 教育の特徴、教育環境

「明治大学講座」「立教科目群」などで個性を打ち出す

大学教育のあり方（授業の内容、教え方）について、それぞれの大学で特徴を見いだすのはむずかしい。原則として教育は個々の大学教員の裁量に任されており、たとえば、早稲田は濃密である、法政はとても熱心だ、などとは一概には言えないからだ。また、立教大から明治大に移った教員が、教育内容を明治大の「特徴」に合わせるということはない。

それゆえ、早慶MARCHごとに、「これは独特だ」というような教育の特徴を示すことはなかなかできない。

だが、大学教育のシステム（カリキュラム、選択科目、履修方法など）については、大学によって教育の特徴を見いだすことができる。

早慶MARCHは学部の枠を超えてそれぞれ独自の教育システムを持っている。とくに教養系の科目は、各大学の建学の精神が色濃く反映されており、たいへん興味深い。

早稲田大には全学オープンプログラムがある。約3000の科目を学部、学年に関係なく履修できる。また、全学共通副専攻があり、27テーマから選べる。2016年度は「戦略的環境研究」「平和学」「演劇・舞台芸術」「人間の生命科学」などがある。

慶應義塾大の教養研究センターは多様な科目を設置する。「アカデミック・スキルズ」という少人数セミナーがある。この授業では、さまざまな問題を解決するまでに必要な学問的・知的作業のためのスキルを習得。受講生は1年間で論文を書く。「生命の教養学」では、「生命」にまつわる多彩な知の形に触れることで、理系・文系を問わない領域横断的な「ものの観方」を身につけさせる。

明治大には学部間共通総合講座がある。リベラルアーツ講座（教養・文化に触れよう）、キャリア教育講座（あなたの将来を考えよう）、時事講座（変わりゆく社会の最先端を知ろう）、ビジネス・専門実務講座（実務力を学ぼう）、明治大学講座（明治大学を知り、明治マスターになろう）など。

青山学院大には全学共通の教養教育、「青山スタンダード科目」がある。「フレッシャーズ・セミナー」（1年生対象でアカデミック・スキルズの基礎を身につける）、「キリスト教概論Ⅰ」（「人はなぜ生きるのか」など人生の根源的課題をキリスト教から探究）、「科学・技術の視点」（自然科学という思考法、科学や技術と人間のあるべき関係を考える）など。

立教大の全学共通カリキュラムには、立教科目群がある。建学の精神にかかわるテーマ、宗教、人権、大学を現代的課題と関連づけながら学ぶ。2016年度から、立教大学学士課程統合カリキュラムを導入した。4年間で学びの専門性に立つ教養人をめざすと銘打ち、選択科目では「イスラームの世界」「音楽と社会」「数学の世界」「身体パフォーマンス「陸前高田プロジェクト」などがある。

中央大には全学連携教育機構（全学的教育プログラム）がある。このなかで、課題発見・解決型学習プログラムとして、「環境」、「ジャーナリズム」、「国際協力」、「スポーツ・健康科学」、「地域・公共マネジメント」の5つのテーマを学ぶことができる。また、「学術情報の探索・活用法」で、資料の探し方を身につける。

法政大の基礎教養カリキュラムは、社会人として生きていくために必要な基礎教養を身につける。何をどう学ぶか、将来をどのように生きるか、学生が具体的に考えられるような科目がある。導入科目・入門科目として、「情報処理演習」「キャリアデザイン入門」などが大きな特徴となっている。ほかに文学、哲学、経営学、社会思想、物質と環境、生命科学、健康の科学など、幅広く学べる。

早慶MARCHにおいて、教育の特徴で個性化を打ち出すとしたら、このような全学生が学べる教養系の教育を充実させるしかない。

大学の教育は教員の個性がおおいに発揮される。卒業生の多くは、「○○大で学んだから」というより、「○○大の□□先生に学んだから」とふり返る。

いま、大学間の競争は激しい。これからは教員の個性に加えて、大学独自のシステムによって「○○大で学んだから社会で役立った」と評価されることが求められよう。そういう意味で、「明治大学講座」「立教科目群」などは魅力的で、おおいに期待したい。

法政大グローバル教養学部は1学年70人

学生数、教員数、校地校舎面積など、教育環境の基本データをまとめてみた（図表2－2、図表2－3）。

図表2－2　学生数、教職員数、校地校舎面積

学生数（人）、女子比率は%

（2015年度）

大学	学生数	男子	女子	女子比率（%）
早稲田大	42,777	27,067	15,710	36.7
慶應義塾大	28,855	18,814	10,041	34.8
明治大	30,538	20,312	10,226	33.5
青山学院大	17,601	9,131	8,470	48.1
立教大	19,481	9,217	10,264	52.7
中央大	25,080	16,202	8,878	35.4
法政大	27,109	17,393	9,716	35.8

教職員数（人）

（2015年度）

大学	教員	教員1人あたり学生数	職員	職員1人あたり学生数
早稲田大	1,116	38.3	887	48.2
慶應義塾大	1,303	22.1	1,114	25.9
明治大	853	35.8	608	50.2
青山学院大	462	38.1	335	52.5
立教大	458	42.5	386	50.5
中央大	551	45.5	501	50.1
法政大	654	41.5	590	45.9

教員（学部の授業を担当している常勤の教授、准教授、専任講師）＝学部生対象で、大学院・研究所・付属病院の専任は含まない。職員＝事務系、教務系のみ

校地校舎面積（平方メートル）

（2014年度）

大学	校地面積	学生1人あたり校地面積（㎡）	校舎面積	学生1人あたり校舎面積（㎡）
早稲田大	2,390,319	55.9	756,980	17.7
慶應義塾大	2,010,914	69.7	452,507	15.7
明治大	1,158,988	38.0	454,480	14.9
青山学院大	382,438	21.7	243,332	13.8
立教大	304,157	15.6	176,321	9.1
中央大	649,742	25.9	346,135	13.8
法政大	1,138,851	42.0	306,522	11.3

「大学ランキング2016」から。校地、校舎面積のみ「大学ランキング2014」のデータ

図表2－3　学部別学生数ランキング

（2015年度）

	大学	学部名	学生数	女子比率(%)
1	中央大	法学部	6,158	36.39
2	慶應義塾大	法学部	5,216	38.94
3	慶應義塾大	経済学部	5,139	21.99
4	中央大	商学部	5,086	34.55
5	明治大	政治経済学部	4,666	25.53
6	早稲田大	教育学部	4,630	37.90
7	中央大	経済学部	4,532	29.26
8	明治大	商学部	4,441	30.24
9	慶應義塾大	商学部	4,431	27.01
10	早稲田大	商学部	4,410	30.93
11	早稲田大	政治経済学部	4,327	31.66
12	慶應義塾大	理工学部	4,245	17.62
13	明治大	理工学部	4,194	14.57
14	早稲田大	文化構想学部	4,119	57.42
15	中央大	文学部	4,105	54.93
16	中央大	理工学部	4,101	19.31
17	立教大	文学部	3,699	69.51
18	明治大	法学部	3,697	29.48
19	法政大	経済学部	3,659	23.48
20	明治大	文学部	3,628	51.41
21	早稲田大	法学部	3,505	33.47
22	慶應義塾大	文学部	3,485	64.71
23	法政大	法学部	3,413	33.64
24	法政大	経営学部	3,277	34.57
25	青山学院大	文学部	3,249	74.39
26	早稲田大	文学部	3,239	55.02
27	早稲田大	社会科学部	3,174	28.07
28	法政大	社会学部	3,119	38.92
29	明治大	経営学部	2,924	29.31
30	立教大	経済学部	2,879	35.53
31	早稲田大	国際教養学部	2,863	58.92
32	法政大	文学部	2,834	49.54
33	早稲田大	創造理工学部	2,782	21.42
34	青山学院大	理工学部	2,695	18.26
35	早稲田大	基幹理工学部	2,693	15.74
36	早稲田大	人間科学部	2,639	43.39
37	立教大	法学部	2,565	42.92

「大学ランキング2017」から

図表2－3　学部別学生数ランキング

（2015年度）

	大学	学部名	学生数	女子比率(%)
38	早稲田大	先進理工学部	2,508	22.61
39	明治大	農学部	2,374	46.00
40	法政大	理工学部	2,309	10.57
41	青山学院大	経済学部	2,306	34.61
42	青山学院大	経営学部	2,286	42.69
43	立教大	社会学部	2,240	53.66
44	青山学院大	法学部	2,150	42.74
45	明治大	情報コミュニケーション学部	2,072	45.08
46	慶應義塾大	環境情報学部	2,055	35.86
47	慶應義塾大	総合政策学部	1,975	37.87
48	早稲田大	スポーツ科学部	1,883	31.39
49	立教大	コミュニティ福祉学部	1,714	53.91
50	立教大	経営学部	1,633	46.05
51	明治大	国際日本学部	1,606	65.26
51	立教大	観光学部	1,606	65.82
53	法政大	人間環境学部	1,433	43.06
54	立教大	現代心理学部	1,380	65.65
55	青山学院大	教育人間科学部	1,336	70.58
56	青山学院大	国際政治経済学部	1,284	53.66
57	法政大	キャリアデザイン学部	1,261	55.51
58	法政大	デザイン工学部	1,252	25.00
59	立教大	理学部	1,230	28.54
60	慶應義塾大	薬学部	1,197	51.80
61	青山学院大	総合文化政策学部	1,145	63.58
62	法政大	国際文化学部	1,125	65.42
63	中央大	総合政策学部	1,098	46.17
64	法政大	現代福祉学部	938	55.65
65	明治大	総合数理学部	936	20.83
66	青山学院大	社会情報学部	925	38.27
67	法政大	生命科学部	897	38.57
68	慶應義塾大	医学部	677	23.34
69	法政大	情報科学部	656	17.68
70	法政大	スポーツ健康学部	642	28.97
71	立教大	異文化コミュニケーション学部	535	70.47
72	慶應義塾大	看護医療学部	435	95.86
73	法政大	グローバル教養学部	293	60.75
74	青山学院大	地球社会共生学部	225	68.44

「大学ランキング2017」から

早稲田大が学生数の多さで他校を圧倒している。立教大＋青山学院大、中央大＋青山学院大でも及ばない。1960年代から、日本大と並んでマンモス大の名をほしいままにしていた。300人以上が収容できる大教室で、マイクを用いた講義というイメージが定着した。履修登録した学生全員が出席すれば、教室から学生があふれる。だが、学生はまじめに出席しないので教室の規模はちょうど良いぐらいになる、と1990年代まで言われていた。いまは、そんなこともなくなった。学生の人数に合わせて教室が設定される。

中央大は教員1人あたり学生数が多い。資格試験に強い伝統的な法、商学部の学生数が多いことによる。学問の性格上、理系のように、大量の教員が必要とされ、手とり足とり教えなければならない、というわけではないからだ。これは早慶の法、商についても言える。早稲田大や中央大の教授がよくこう述懐する。「ぼくらの時代は授業をよくサボっていた。最近はまじめに出席しており、すこしは余裕を持ちなさい、と言いたくなる」

慶應義塾大は教員数の多さ、教員1人あたり学生数の少なさで他校を寄せ付けない。医学部をもっているからに尽きる。医学専門教育は他学部と比べられないほど、人手、施設などにお金がかかる。

学生数がもっとも少ないのは青山学院大だ。もともと1学部の定員が少なめだったからだ。教員数が少ない立教大、青山学院大は理系学部の規模が大きくないからである。立教大は理学系のみで、教員が多く必要とされる機械、電気、建築など工学系がないことによる。

女子学生比率が唯一、半分を超えたのが立教大である。10学部のなかで6学部は女子が多い。もともと女子に人気があった文学部と新しい異文化コミュニケーション学部は7割、法学部と経営学部も4割以上を女子が占める。女子のほうが多くなったことに、学内では歓迎しない意見もある。もっと男子がリーダーシップをとって活発に動いてほしい、と望む声が聞かれる。青山学院大の国際政治経済学部はここ数年女子が、半分を超える。これに続くかのように法、経済、経営など社会科学系学部の女子が増えており、全学で女子が半分を超えるのは時間の問題だ。

他の5校の女子比率も4割に迫る勢いだ。1990年代はいずれも女子比率が2割台だったことを考えると、とくに早法明の男子バンカラ系体育会的硬派なイメージを大きく変えてしまった。早慶MARCHの女子比率が高まったことをうらやましく思っているのが、東京大である。ここ20年、東大は女子学生を3割以上に増やす目標を立てているが、2割を超えることもできない。ハーバード大、プリンストン大、ケンブリッジ大など女子学生比率は5割である。この数値だけをとれば、早慶MARCHは東大を出し抜いて、欧米のトップスクールに近づこうとしている。これからは、優秀な女子が早慶ＭＡＲＣＨを引っ張っていくのかもしれない。

不思議なことに、法政大は学部数が15あるのに、学生数では早稲田大にかなり引き離されている。1学部あたり学生数は早稲田大１９９０人、法政大１７７１人となる。法政大のグローバル教養学部は1学年70人ほどしかいない。高校の２クラス分だ。少人数教育を徹底させる方針が見て取れる。

学部別の学生数、女子比率をランキングしてみた。早慶ＭＡＲＣＨに限らないが、一般に法、経済、文、理工など既存学部の学生数は多い。１９９０年以降設置の総合政策、人間環境など4文字熟語系学部の学生数は少ない。このなかで、法政大は既存学部も大所帯というわけではない。新しい学部ではほとんどが１５００人以下である。早慶ＭＡＲＣＨでもっとも小規模なのが、グローバル教養学部だ（青山学院大地球社会共生学部は4学年が揃っていないので除く）。

校地、校舎面積の広さでは早稲田大が優位だ。しかし、校地については早稲田キャンパスを歩くと広さは感じられない。授業が終わった時間は学生であふれかえる。これは所沢キャンパスで校地面積を稼いでいるからだ。

一方、校舎面積は以前よりも広くなった。校舎の建て直しで高層化されたことによる。明治大は中野キャンパスを造ったことでやや広くなった。

法政大は市ケ谷キャンパスで新校舎を建設中である。同大学はこれ以上、学部を増やすことを考えていない。学生数も増えないので、学生1人あたり校舎面積がいまの水準よりは増えるだろう。

大学生活、とくに勉強する環境という点では、1人あたりの校地、校舎面積が広いほうがよい。それゆえ郊外にキャンパスを造った。しかし、学生募集を優位に進めるために、都心に戻る。だが、地価は高く校地は広くできない。校舎は高層化すればいいが、それでも限界はある。

教育環境を改善するためには、拡大路線をやめて学生数を少なくするしかない。

女子学生増加で留年、退学が減少

標準年限卒業率（以下、卒業率）を見てみよう（図表2－4）。

4年（慶應義塾大医、薬学部は6年）で卒業できなかった、つまり、留年する主な理由は出席日数不足、成績不良、病気静養、就職準備などである。出席不足と成績不良は生活苦でアルバイトに忙しく大学へ行く時間、勉強する時間がなかった、あるいは、学部の勉強が自分とは適性が合わなかった、というケースが多い。

卒業率の高さから、早慶ＭＡＲＣＨそれぞれの特徴を見いだすのはむずかしい。たとえば、秋田の国際教養大の卒業率は、毎年40％台である。つまり、半分以上は留年したことになる。これは、海外留学が全員必須ゆえ卒業が遅れたという理由からだ。早慶ＭＡＲＣＨでも海外留学が多い学部はあるが、留年はそれほど多くない。

図表２－４　卒業率、退学率(%)

(2015年度)

大学	標準年限(卒業率)	退学率
早稲田大	76.2	1.08
慶應義塾大	83.8	0.90
明治大	83.6	1.75
青山学院大	79.9	0.70
立教大	80.5	0.80
中央大	84.2	1.40
法政大	82.6	1.07

「大学ランキング2017」から

むりやり理由をつけるならば、留年がもっとも少ない中央大は郊外にキャンパスがあるため、遊びの誘惑が少なくまじめに通って勉強する。卒業率が70％台の早稲田大は都心にあるため遊興、アルバイトを優先させて勉強がおろそかになった——ということか。国家試験、資格採用試験、就職試験に再チャレンジするために留年する学生もいるので、卒業率でまじめさ、勉強する姿勢を判断することはできない。

もう一つは、教員の成績評価である。すこし古い話を紹介しよう。

1991年3月、明治大法学部法律学科では1124人の卒業予定者のうち257人が留年した。このうち148人は、特定の教授が担当する必修科目の単位を落としたことによる。新聞で大きく報道されたこともあって、当時は大きな話題となった。この教授は救済措置をとらなかったため、厳格であるという礼賛、冷たすぎるという批判を受けた。

留年に納得できなかった学生が法学部長の自宅を訪問し、救済を求めて直談判する。だが、法学部長はこう突っぱねた。「明治大学の建学の精神は『独立・自治』。学問の自治に、私が口出しすることはできない」（『大学を問う　荒廃する現場からの報告』産経新聞社会部編著、新潮社、1992年）

明治大の卒業率は7校のなかで3番目に高い。いまは明治大に甘えを許さない骨のある教授がいなくなったのか、学生がまじめに勉強するようになったのか、定かではない。ここでも女子の存在は大きいのかもしれない。まじめな女子が増えたことで留年が減ったと見ることはできよう。

次に退学率である。

退学にはさまざまな理由がある。古いデータだが、立教大は1998〜2002年の5

年間で907人が退学している（立教大の「自己評価・点検報告書」2004年）。同報告書には退学の理由について記されている。退学の一般的な理由がほぼ網羅されているので紹介しよう。①一身上の都合210人、②就職153人、③他大学入学146人、④勉学意欲喪失138人、⑤経済的理由77人、⑥在学期間満了66人、⑦他大学受験30人、⑧各種学校入学21人、病気21人、⑩家事都合12人、⑪結婚6人、個人的研究6人、私費留学6人、⑭出産2人、⑮育児1人、旅行1人。

退学率1％以下の青山学院大と立教大。2％に近い明治大。両者はおよそ1ポイント開いている。

退学の理由で他大学入学は大きなウェートを占める。早稲田大を退学して東大に入学、法政大や明治大を退学して早稲田大に入学というケースは散見される。仮面浪人である。大学にすれば、仮面浪人されるのはきわめて不本意であろう。他大学に入学させないため、大学に引き留めるためには、その大学を魅力あるものにしなければならないが、どうしてもそのキャンパスとは肌が合わないという学生はいる。大学はあきらめるしかない。

3　入学者

現役VS.浪人――「何が何でも早稲田」は減少

早慶ＭＡＲＣＨを第一志望に考える受験生はたくさんいる。大学のカラーに惹かれる、就職実績が良い、数学が苦手で国立大学をあきらめ私立文系の難関校だから目指す、などの理由からだ。

しかし、何が何でも早慶ＭＡＲＣＨという層は、１９８０年代に比べて確実に減ったことによって、現役と浪人の比率が逆転している。１９８０年代はいまの受験生の親世代にあたるが、彼らは浪人することをためらわなかった。だが、いまの受験生は現役にこだわっている。浪人すれば、就職が不利になり生涯賃金に影響すると考える人もいるが、景気が悪くなって浪人させられないという経済的事情も大きい。さらに、推薦、ＡＯ入試での

図表2－5

1985年:一般入試合格者の現役比率（%）

	法	経済（政治経済）	文	理工
早稲田大	26.0	20.0	50.0	24.0
慶應義塾大	33.0	30.0	37.0	32.0
明治大	21.0	23.0	38.0	29.0

「蛍雪時代」（旺文社）1985年8月「全国大学内容紹介」号から

2015年:一般入試合格者の現役比率（%）

	法	経済（政治経済）	文	理工	全学
早稲田大	67.2	70.0	70.6	60.8	68.0
慶應義塾大	58.9	56.2	65.8	59.4	57.9
明治大	70.9	64.5	77.6	60.3	68.8
青山学院大	77.3	72.5	85.3	64.9	75.3
立教大	ー	ー	ー	ー	ー
中央大	69.4	64.8	76.7	63.4	ー
法政大	72.4	70.3	78.2	63.2	72.5

慶應義塾大は法学部政治学科、経済A（数学必須）。各大学案内から。ーは未集計

入学枠が広がったことも、現役志向に拍車をかけた。

　現役、浪人比率をまとめた（図表2－5）。

　1985年、早稲田大政治経済学部、明治大法学部は現役が2割台だった。いまは7割以上にのぼっている。早稲田の政経は、むかしもいまも第一志望である東大文Ⅰの併願校である。1990年代までは、何が何でも東大に行きたいという受験生が存在した。いまは現役で東大に落ちたが、浪人してまで東大に挑戦する

より、すべり止めで受かった早稲田の政経に入学するというケースが増えている。また、かつては何が何でも早稲田に行きたいという受験生も少なからずいたが、やはり浪人してまで早稲田に固執するという受験生が減っている。

明治大法学部も早稲田と同じような理由で現役が増えている。つまり、浪人して早慶、国立大を狙わないで、現役で入れた大学で一生懸命、勉強したいという考え方だ。明治大全学でも同じことがいえる。現役で第一志望の早稲田はダメだったが、明治は受かった。浪人せず、明治大で頑張ろうという思いだ。予備校、高校の教師が異口同音に話す。「浪人すれば早稲田、明治に入れる生徒はたくさんいる。じつにもったいない」。だが、見方を変えれば、偏差値至上主義が崩れたといえる。

もう一つ、大きな理由は女子の存在である。前記2大学の女子比率について、早稲田大政経学部の1995年は13%、2015年には31・66%へと跳ね上がった。明治大法学部も1995年の16%から、2015年の29・48%へとポイントを上げている（101ページ）。現役志向が強い女子が早明に進出したことによって、両大学には浪人生が減ってしまった。

もともと、女子が多かった青山学院大、立教大はさらに現役比率が高まっている。青山学院大文学部の85％超えはほとんど女子力のなせるわざといっていい。

出身地域別――地方出身者の減少

1990年代ぐらいまで、早慶MARCHは地方出身者が多く見られた。早稲田大は半数以上が首都圏以外という時代もある。東北、関西、九州に多く、同大学キャンパスには関西弁が行き交う光景が見られた。慶應義塾大は首都圏のお坊ちゃん、お嬢さんが多いというイメージをもたれがちだが、地方からの人気は絶大だった。すこし古いが、1975年の同大学の合格者で関東出身は56％であり、合格者の上位校には旭丘（愛知）、岐阜、長野、高松、宇都宮が並ぶ。

出身地域別のデータをまとめた（図表2－6）。

早慶MARCHが全国区大学と言われているのは、地方から多くの学生を集めたからだ。

ところが、昨今では、全国区と呼ぶには出身者の首都

図表2－6

2015年:一般入試合格者の出身地域（%）

	関東	東北	関西
早稲田大	76.9	1.4	5.1
慶應義塾大	74.6	1.5	6.2
明治大	75.3	2.6	2.2
青山学院大	78.9	2.0	1.9
立教大	－	－	－
中央大	67.3	4.3	2.2
法政大	76.9	3.2	1.2

各大学案内から。－は未集計

圏比率が高くなりすぎたきらいがある。中央大を除けば7割以上が首都圏出身者となっている。

志願者、合格者、入学者の出身はいずれも首都圏が増え、地方出身者が少なくなった。これは浪人が減少した理由と似ている。地方から首都圏の私立大学に通わせるのは経済的に厳しい、という事情がある。わざわざ東京に行かなくても地元の国公立大学に通えばいいではないか、という考え方が広がった。さらにいえば、かつては地方に一定数はいた熱狂的な早稲田ファン、慶應ファンが少なくなったことも大きい。

早慶MARCHに女子が増えたことも大きい。かつて早稲田大、法政大、明治大、中央大は男子が多かった。女子は2割程度に過ぎなかった。ところが現在はいずれも女子は4割近くなった。女子の多くは自宅から通える首都圏組である。その分、首都圏組が多くなり、地方出身組が相対的に少なくなったわけだ。

このあたり7大学は異口同音に危機感を募らせており、全国に散らばるOBOG、同窓会を通じて、母校に入学するよう呼びかけているところもある。

こうしたなか、早慶MARCHのなかでは首都圏比率がもっとも低い、つまり、地方出身者が多いのは中央大である。多摩キャンパスというロケーションが、地方の受験生から好まれたようだ。その理由については後述する（126ページ）。

4　ロケーション

青山学院大は都心回帰で志願者増

最近、キャンパス移転が2校に見られた。

2013年、青山学院大の文系7学部（文、教育人間科学、経済、法、経営、国際政治経済、総合文化政策）の1、2年生が、相模原から青山へキャンパスを移転した（総合文化政策は1年生）。

これによって、青山キャンパスで前記の文系7学部、相模原キャンパスではほかの3学部（社会情報、地球社会共生、理工）の、いずれも全学年が学べるようになった。

成果はすぐに表れた。

青山学院大の2013年度の志願者数は関東だけで前年比2300人増となる。なかでも埼玉は500人、千葉と東京は600人増えた。浦和や大宮、千葉や船橋、池袋以北から相模原まで通うとなれば、2時間以上かかる。首都圏で自宅通学を考える受験生にすれば、よほど青学が好きでないと躊躇《ちゅうちょ》してしまう。青山キャンパスの最寄り駅、渋谷ならば、1時間~1時間半で大学に着く。

地元、神奈川の志願者も減らなかった。それどころか、500人増えている。JR、小田急線、東横線、東急田園都市線など交通網がしっかり整っており、横浜、藤沢、相模原からは、渋谷まで1時間で通える。神奈川県内の受験生の足が遠のく理由はない。

大学選びにとって、通いやすさは大きな要素となる。通学時間は短いに越したことはない。青山キャンパスへの移転は、志願者増という結果を出した。志願者が増えれば受験生がふるいにかけられ、レベルが高くなる。成功である。

同年、明治大の国際日本学部が和泉から中野に移転している。こちらは移転によると思われる志願者増は見られなかった。それぞれ最寄り駅の京王線明大前駅からJR中野駅まで30分はかからない。千葉、埼玉、神奈川からすれば、同じような距離感覚である。

早慶MARCHの学部別キャンパスのロケーションを表に示した（図表2－7）。

首都圏の大学に詳しくないと、法政大の学生はすべて市ケ谷、立教大は池袋に、慶應義塾大は三田に通うと思ってしまう。大きな間違いである。たとえば、法政大の経済学部は4年間まるまる東京都下の多摩で勉強する。慶應義塾大の総合政策学部は藤沢（神奈川県）で4年間学ぶ。三田からはJR、小田急線、バスを乗り継いで1時間半は要する。

受験したときわかってはいた。しかしいざ郊外に通うとなると、思っていた以上に都心から離れていることに驚く学生はいる。渋谷、新宿、銀座、霞が関など、政治、経済、文化の中心地まで行くのは1時間以上かかる。おしゃれな街でアルバイトしたい、クラブで踊りたい、企業や国会でアルバイトやインターンシップを体験したい。しかし、授業が終わってから、都心にたどり着くのは、午後6時近くになる。帰宅も終電時間を気にしなければならない。描いていた学生生活と異ってとまどう学生もいる。

たとえば、起業を考える経済学部（経済学科）の学生がいる。IT系企業でアルバイトしたい、一部上場企業主催の勉強会などイベントに参加したいという場合、都心にある早慶、明治、青学、立教のほうが放課後の活動に幅が広がる。

もちろん、都心の喧噪《けんそう》を避けたい、大学周辺地域の経済発展に貢献したい、という経済学部の学生もいる。彼らにすれば、郊外型の法政、中央のほうが勉強に、課外活動（とくにスポーツ系クラブ活動）にじっくり取り組める。要は学生の考え方次第なのだが、大学選びのとき、そこまで考えをめぐらせることができるものなのか。このあたりを見きわめないとミスマッチとなり、4年間、後悔することになる。

早稲田大の所沢、慶應義塾大の藤沢は都心から1時間以上

もともと、早慶ＭＡＲＣＨのキャンパスはほぼ都心にあった。１９７０年代まで、メインキャンパスは山手線の内側またはその沿線にあり、地方から見ればまさに都会の大学だった。立教大のみ山手線の外側。なお、明治大農、理工の2学部は神奈川県生田市にあるが、新宿から40分程度。また、立教大の新座キャンパスも池袋から４０分程度なのでそれぞれ都心に近い郊外といえる。

ところが、１９７０年代半ばから１９９０年代にかけて、早稲田大、慶應義塾大、青山学院大、立教大、中央大、法政大の6校が郊外にキャンパスを作った。年代順に追ってみよう。

もっとも大規模な移転は、１９７８年の中央大である。文系学部がまるごと多摩に引っ越してしまう。これによって、中央大の看板学部、法学部は大きく影響を受けた。それま

で司法試験合格者で東大とトップを競っていたのが、早慶に抜かれてしまう。中央大の経営者は、優秀な法曹志望者が都心の大学を選んだからではないか、と分析する。

青山学院大のキャンパス移転は1982年のことだが、現存する相模原ではない。厚木である。法、経済、経営、文と新設の国際政治経済学部の1、2年生が通うことになった。しかし、厚木は遠かった。青山からの所要時間はJR、小田急線、神奈川中央交通バスを乗り継いで1時間40分。千葉、埼玉からは2時間半以上かかる。はからずも、志願者離れを起こした。そして、2003年に相模原に移る。

法政大は1984年に多摩キャンパスを造って経済、社会の2学部が順次移転する。このあと、新設の現代福祉、スポーツ健康の2学部が多摩に校舎を構えた。経済、社会の2学部を市ケ谷から離したのは、学生運動対策という見方があった。1960年代から70年代にかけて全国的に起こった学生運動は、1970年代前半になると落ちついたが、法政大は依然として騒然としていた。いわゆる「過激派」の拠点校として校舎の一部が使われる状態が続く。多摩への移転構想が持ち上がったとき、「学部をバラバラに配置したのは学生運動をさせないため」という説もあったぐらいだった。市ケ谷からはJRとバスを乗り継いで1時間半はかかる。

キャンパス	最寄り駅
早稲田	東京メトロ東西線早稲田駅徒歩5分
戸山	東京メトロ東西線早稲田駅徒歩3分
所沢	西武線小手指駅バス15分
西早稲田	東京メトロ副都心線西早稲田駅直結
日吉	東急東横線日吉駅徒歩1分
三田	JR山手線田町駅徒歩5分
藤沢	小田急線湘南台駅バス15分
矢上	東急東横線日吉駅徒歩15分
信濃町	JR総武線信濃町駅徒歩1分
芝共立	都営地下鉄三田線御成門駅徒歩2分
和泉	京王線、小田急線明大前駅徒歩5分
駿河台	JR中央線御茶ノ水駅徒歩3分
生田	小田急線生田駅徒歩10分
中野	JR中央線中野駅徒歩8分
青山	JR山手線渋谷駅徒歩10分
相模原	JR横浜線淵野辺駅徒歩7分
池袋	JR池袋駅徒歩7分
新座	東武東上線志木駅徒歩15分、バス10分
多摩	多摩モノレール中央大学、明星大学駅直結
後楽園	東京メトロ丸の内線後楽園駅徒歩5分
市ケ谷	JR総武線飯田橋駅徒歩10分
多摩	京王線めじろ台駅バス10分
小金井	JR中央線東小金井駅徒歩15分

図表2－7
大学の所在地：学部別、学年別の通学キャンパス

大学	学部	学年
早稲田大	法、政治経済、商、教育、社会科学、国際教養	1～4年
	文、文化構想	1～4年
	人間科学、スポーツ科学	1～4年
	先進理工、.基幹理工、創造理工	1～4年
慶應義塾大	文、薬、医 法、経済、商、理工	1年 1、2年
	文 法、経済、商	2～4年 3、4年
	環境情報、総合政策 看護医療	1～4年 1、2、4年
	理工	3、4年
	医	2～6年
	看護医療	3年
	薬	2～6年
明治大	法、商、政治経済、文、経営、情報コミュニケーション	1、2年
	法、商、政治経済、文、経営、情報コミュニケーション	3、4年
	理工、農	1～4年
	国際日本、総合数理	1～4年
青山学院大	文、教育人間科学、経済、法、経営、国際政治経済、総合文化政策	1～4年
	理工、社会情報、地球社会共生	1～4年
立教大	文、異文化コミュニケーション、経済、経営、理、社会、法	1～4年
	観光、コミュニティ福祉、現代心理	1～4年
中央大	法、経済、商、文、総合政策	1～4年
	理工	1～4年
法政大	法、経営、文、国際文化、人間環境、キャリアデザイン、デザイン工、グローバル教養	1～4年
	経済、社会、現代福祉、スポーツ健康	1～4年
	情報科学、理工、生命科学	1～4年

早稲田大は1987年に所沢キャンパスに人間科学部を新設する。2003年には同キャンパスにスポーツ科学部を作った。いずれもここで4年間学ぶ。早稲田からJR、西武池袋線、バスを乗り継いで1時間半かかる。

慶應義塾大は1990年、総合政策、環境情報の2学部を湘南藤沢キャンパス（SFC）に作った。2001年、ここに看護医療学部が作られる（3年次は信濃町に通学）。三田からはJR、小田急線、バスを乗り継いで1時間半は要する。

早稲田は34年ぶり、慶應は40年ぶりの新設学部でおおいに注目された。だが、通学面で二の足を踏む受験生もいた。たとえば、横浜から早稲田の所沢へ、千葉から慶應の藤沢に通うためには2時間半以上かかるからだ。いずれも最寄り駅からバスで15分は要する。待ち時間、そして混雑による遅滞を勘案すると、プラス15分、つまり、授業に間に合わせるために、郊外の駅（西武線小手指駅、小田急線湘南台駅）から30分は見ておく必要がある。

郊外移転の最後は立教大である。1990年に新座キャンパスを開設した。1998年に観光、コミュニティ福祉の2学部、2006年に現代心理学部を新設する。これら3学部は新座で4年間学ぶ。

文系、理系が4年間一緒の立教大

早慶MARCHのなかで、明治大だけは郊外に目を向けなかった。2000年以降、明治大は女子学生を増やしている。女子用の施設を整備したことなどが、その背景とされているが、千葉、埼玉、神奈川の女子が自宅から通える都心キャンパスを選んだとみるほうがしっくりくる。法政大経済学部と明治大政治経済学部で、両方受かったら明治大を選ぶという受験生が多いが（代々木ゼミナール調べ）、女子の割合が多かったことがそれを示している。

ブームと言っていいようなキャンパスの郊外移転は、2000年代以降、ピタリと止まってしまう。反対にキャンパスを都心に戻す動きが出てきた。大学業界ではキャンパスの都心回帰と語られている。全キャンパスの移転はないが、一部の学部、学年（3、4年次）で都心にキャンパスを戻したのは国学院大、専修大、拓殖大、東京理科大、東洋大、大妻女子大、実践女子大、共立女子大などである。

これは、国の規制緩和によるものだ。

2002年、東京23区内では1500平方メートル以上の床面積を持つ大学の教室を新設（増設）できないという工場等制限法の廃止によって、都心にキャンパスを作れるようになった。校舎を新設して、郊外から学部を移す。早慶MARCHのなかで、規制緩和をキャンパス移転にうまく活用したのが青山学院大である。少子化を見据えて、首都圏で通いやすいところにキャンパスを移し、学生募集を効果的に進める、という経営判断だ。

早慶MARCHのキャンパスにはさまざまな形態がある。学部、学年（多くは1、2年と3、4年）で通うキャンパスが異なるケースが見られる。これらを学部割れ、学年割れと呼ぶ。ロケーションについて、次のように分類できる。

①都心にあり、駅から至近距離のキャンパス。通いやすい、歓楽街が近くて娯楽に事欠かない、官庁や大手企業が身近にあり就職活動がしやすい、などの利点がある。早稲田大、慶應義塾大、明治大（一部の学部）、青山学院大（一部の学部）、立教大、法政大（一部の学部）である。慶應、明治は学年割れとなっているが、和泉、日吉はほぼ都心といっていい。

②全学部、全学年がそろうキャンパス。早慶MARCHにはない。首都圏およびその周辺では総合大学として学習院大、駒澤大、筑波大、横浜国立大ぐらいである。文系に限れば中央大は全学部そろう。学年割れはない。

③全学年がそろうキャンパス。早稲田大、青山学院大、立教大、中央大、法政大。学年割れがないので先輩、後輩の交流ができ、勉強、課外活動（体育会など）で得るものが大きい。たとえば1、2年生が3、4年生の就職活動を観察でき、自分の将来に役立てられる。

④全学部がそろうキャンパス。早慶MARCHにはない。法政大は8学部、青山学院大と立教大は7学部、明治大と早稲田大は6学部、中央大は5学部がそろう。前から順に市ケ谷、青山、池袋、和泉と駿河台、早稲田の各キャンパスはこれだけの学部を収めるにしてはそれほど広くない。人口密度は高い。その点、中央大の多摩キャンパスは広いので、ゆったり感はある。

⑤文系と理系が同じキャンパス。4年間一緒に学べるのは、立教大池袋キャンパスだけである。文系（法、経済、経営、文など6学部）と理系（理学部）による異文化交流で、視野が広がることが期待できる。慶應義塾大理工学部は2年間、日吉キャンパスなので文系と交流できる。

2022年に中央大法学部は後楽園に移転

首都圏の大学のいくつかが、キャンパスの都心回帰を進めるなかで、中央大の文系学部は多摩でがんばってきた。だが、受験生の足が遠のいてしまった側面は否めない。それは大学、とくに法学部関係者が、1980年代以降、司法試験合格者の減少から認めているところではある。理事会、教授会などで「法学部3、4年だけでもいいから都心に戻せないか」という意見があったのはたしかだ。

予備校関係者も中央大多摩キャンパスのデメリットを指摘することがある。明治大、法政大、青山学院大、立教大とダブル合格したとき、法学部を除いて通学距離を考えると中央大は選ばれにくいという厳しい現実を突きつける。

しかし、こうした見方は首都圏、とくに神奈川、千葉、埼玉からの目線である。全国目線でいうと、中央大の評価は高い。それは地方出身者の多さに示されている。

日本テレビ、朝の情報番組「ZIP!」はときおり、中央大キャンパスを取り上げる。地方出身の学生に登場してもらい、東京での生活について、出身地のすばらしさについて語ってもらう。中央大ならば全国各地からの学生に会えると認識されているようだ。

前述のように、かつては早慶、明治、法政に地方出身者が多かったが、いまは首都圏比率が高くなってしまった。なぜ、中央大は地方から人気を集めているのか。大学関係者が地方出身の学生に尋ねたところ、次のような理由らしい。

①都心よりも、大学周辺（多摩地区）は家賃が安い。物価も少し安い。
②多摩は地元出身地同様で自然に恵まれているので、暮らしやすい。
③近くに遊ぶところがないので、じっくり勉強に取り組める。
④都会の喧噪を避けたい。
⑤キャンパスが広くてゆったりしている。
⑥地方出身者がたくさんいるので、いろいろな人に会えて楽しい。

郊外のキャンパスは、都心から離れているので通学に時間がかかる。また、政治、経済、文化の中枢には気軽にアクセスできない。このことから、「東京にありながら、多摩にキャンパスがあるのは不利だ」と感じる学生、教職員がいる。しかし、地方出身者が多いという意味ではメリットは大きい。

いま、多くの大学は多様性を求めている。さまざまな背景、能力を持った学生がほしい。早慶ＭＡＲＣＨのなかで、それにいちばん近いのは中央大かもしれない。

しかし、多様性だけではなんともしがたいものがある、と考える人たちがいる。法学部関係者だ。そして、2015年、一つの決断を下した。法学部を都心に戻すことにしたのである。2022年までに法学部の新キャンパスを文京区・後楽園駅近くに作る。いまの中学1年生（13歳）が大学受験を迎える年だ。これは、司法試験合格実績を高めるためである（277ページ）。法学部都心回帰1期生が法科大学院に進み司法試験を受けるまでは、いまから最短で12年かかる（移転まで6年＋法学部4年＋法科大学院2年）。2028年に結果は出るが、そのころ、MARCHという言葉が残っているかは定かでない。いまよりもっと少子化が進み、大学の勢力地図は塗り替わっているかもしれない。

5　研究水準

世界大学ランキングに早慶が挑戦

「早稲田大から初めてノーベル賞学者が誕生する。しかも、日本人初の女性だ」

理化学研究所の元研究員、小保方晴子さんがSTAP細胞に関する論文を科学誌「ネイチャー」に発表したとき、早稲田大関係者はこのように喜んだ。しかし、まもなく彼女の論文作成、実験方法について次々と疑惑が持ち上がる。「ネイチャー」は信頼性に欠けるとしてこの論文の掲載を取り下げてしまった。また、早稲田大も調査委員会を設置し、小保方さんに授与した博士号学位を取り消した。

2013年、文部科学省はこんな壮大な目標を掲げた。

「今後10年間で世界大学ランキングトップ100に10校以上を入れる」

早稲田大にすれば、STAP細胞論文が何ら問題もなく評価されていれば、ノーベル賞級の世紀の大発見であり、「世界大学ランキング」上位校に顔を出してもおかしくなかった。だが、その夢はお預けになった。

「世界大学ランキング」とは欧米の調査機関、中国の大学などが集計しており、世界的に影響力を持っている。論文数、論文引用数、外国人教員数、留学生数、企業からの研究費獲得などが指標となる。有名なのが、「Times Higher Education」「US News & World Report」「QS」「上海交通大学」の4機関が作るランキングである。

これらのランキングで日本の大学はどの程度の位置にあるか。東京大、京都大が50位以内あるいは100位以内に何とか食い込んでいるが、上位を脅かすところまでにはいっていない。早慶MARCHでは早稲田大、慶應義塾大、青山学院大が顔を出しているが、200〜500番台である。他の4校の名前はあがらなかった。過去5年の世界ランキングも似たようなものである。

文科省としては黙って手をこまねいているわけにはいかなかった。日本の大学を世界ランキング上位にのせたい。最先端の研究分野で世界各国と競い合いたいという思いからだ。日本のステータスを上げるための政策といっていい。そのために、文科省は予算をつけた。2014年、「スーパーグローバル大学創成支援」政策を打ち出した。スーパーグローバル大学は、タイプA（トップ型＝「世界ランキングトップ100を目指す力のある大学を支援」）、タイプB（グローバル化牽引型＝「これまでの取組実績を基に更に先導的試行に挑戦し、我が国社会のグローバル化を牽引する大学を支援」）に分かれる。109件の申請があり、37校が採択された。

早慶MARCHのなかでは、5校が選ばれている（カッコ内は構想名）。

●タイプA（トップ型）

早稲田大（Waseda Ocean構想～開放性、多様性、流動性を持つ教育研究ネットワークの構築～）
慶應義塾大（「実学（サイエンス）」によって地球社会の持続可能性を高める）
●タイプB（グローバル化牽引型）
法政大（課題解決先進国日本からサステイナブル社会を構想するグローバル大学の創成）
明治大（世界へ！ ＭＥＩＪＩ ８０００：学生の主体的学びを育み、未来開拓力に優れた人材を育成）
立教大（グローバルリベラルアーツ×リーダーシップ教育×自己変革力：世界で際立つ大学への改革）

構想名があまりにも抽象的なので、世界とどのように競い合っていくのか見えないが、健闘を期待するしかない。

「ネイチャー」で青山学院大が健闘

世界と互角に渡り合える研究分野はどうしても自然科学系が中心となる。世界大学ランキングの一つの指標である論文について、研究者からもっとも信頼されているのが、科学誌「ネイチャー」「サイエンス」である。小保方さんの論文が注目されたのは、「ネイチャー」があまりにも権威を持ってしまったことによる。
「ネイチャー」「サイエンス」に早慶MARCHの研究者の論文がどのくらい掲載されたかをまとめた。以下、掲載論文数である（2006〜2015年。2本以上）。

＊「ネイチャー」
慶應義塾大26、早稲田大4、青山学院大2、立教大2、明治大2

＊「サイエンス」
早稲田大12、慶應義塾大11、青山学院大4、立教大3

2誌のおもな執筆者は次のとおり（敬称略）。

「ネイチャー」
早稲田大：片岡淳、竹山春子、須藤和夫、胡桃坂仁志など
慶應義塾大：清水信義、岡野栄之、小安重夫、塩見美喜子、塩見春彦など
青山学院大：福岡伸一、吉田篤正
立教大：志賀慶明、黒岩常祥
明治大：矢野健太郎、川村慎吾

「サイエンス」
早稲田大：片岡淳、中森健之、小松睦美など
慶應義塾大：谷口善仁、村山綾子など
立教大：黒岩常祥、三角修巳、吉田大和
青山学院大：望月維人、坂本貴紀、山崎了
明治大：澁谷直人
法政大：松本倫明
（2006年～2015年に投稿された署名論文。現在、所属が異なる場合もある）

2誌は医学、免疫学、生物学、分子生物学などの分野の論文が多い。それゆえ、医学部がある慶應義塾大がどうしても多くなる。同大学の塩見美喜子さん、塩見春彦さんは夫婦で共著の「ネイチャー」論文となる。こうしたなか、早稲田大理工学術院総合研究所の片岡淳さんは「ネイチャー」および「サイエンス」に複数論文を投稿している。専門はガンマ線宇宙物理学、放射線応用物理学。片岡さんは1972年生まれで東大物理学科出身。いま、世界中から注目を集めている。早稲田大先進理工学部の竹山春子さんは、海洋微生物からマリンバイオテクノロジーの研究開発を進めている。

青山学院大の福岡伸一さんは『生物と無生物のあいだ』（講談社現代新書）などの著書があり、エッセイストとしても著名である。また、同大学で40年にわたって研究を続けていた秋光純さんは、超伝導分野の研究成果をかつて「ネイチャー」で発表し、世界で注目されている。2015年にリタイアしたが、超伝導研究は後輩が引き継いでいる。青山学院大は小規模な理学系学部ながら健闘しており、前述の世界大学ランキングに登場したのは、「ネイチャー」「サイエンス」掲載が評価されてのことである。

法政大人間環境学部教授の松本倫明《ともあき》さんは天文学を教える。立教大の黒岩常祥さんは生物学の分野で『ミトコンドリアはどこからきたか　生命40億年を遡る』（NHKブックス）など、一般向け啓蒙書も手がけている。明治大農学部教授の澁谷直人さんは生物学が専門だ。

論文、研究費――立教大が科研費採択率で上位

研究内容が優れているかどうかを測る指標として、論文、論文引用、研究費獲得、研究費助成がわかりやすい。歴史と伝統、規模の大きさ、研究実績のある教員の多さから、どうしても東京大、京都大、大阪大、東京工業大が、上位ランキングを占める。だが、早慶

MARCHもかなり健闘している。

トムソン・ロイター社（科学情報の調査会社。アメリカに本社を置く）は、その学問領域でインパクトがあった論文の引用回数を調べている。優れた論文は多くの学者から引用される。その引用状況をまとめたものだ。国立情報学研究所名誉教授の根岸正光さんが、日本の大学ごとに引用状況を「引用度指数」として割り出し、ランキングを作った。以下、総合、分野別でみてみよう。

*総合　4位早稲田大、32位慶應義塾大、64位青山学院大
*物理学　7位早稲田大、25位慶應義塾大
*宇宙科学　5位早稲田大、23位青山学院大
*材料科学　5位早稲田大、16位慶應義塾大
*数学　1位早稲田大、20位慶應義塾大
*化学　5位早稲田大、19位慶應義塾大
*動植物学　2位明治大
*精神医学・心理学　11位慶應義塾大、26位早稲田大
*人文社会科学　18位慶應義塾大、24位法政大、27位早稲田大

数学1位の早稲田大は、基幹理工学部数学科、応用数理学科、教育学部数学科の三つの学科が揃っていることが大きい。明治大の動植物学2位は、農学部の生命科学科が牽引したことによる。同学科では動物、植物の生命活動を分子や遺伝子のレベルから追究して、生き物の謎に迫るような研究を行っており、これによって人類の食糧問題を解決することを目指している。

研究費には国から獲得する科学研究費補助金、企業や自治体から助成を受ける受託研究費、奨学寄付金、共同研究費などがある。科研費の配分総額は次のとおり。カッコ内は教員1人当たりの額。

10位　慶應義塾大　32億4805万円（209万円）
13位　早稲田大　25億7543万円（185万円）
49位　明治大　6億3011万円（62万円）
70位　中央大　4億3390１万円（69万円）
71位　法政大　4億3316０万円（58万円）
86位　立教大　3億3428１万円（65万円）

103位　青山学院大　2億3675万円（54万円）

科研費には細目別という項目（研究テーマを細かく分けた項目）がある。これらは細目別に研究内容が評価されて、相当な金額を受け取ることができる。採択件数を見ると、早慶MARCHのなかで得意分野が上位にあがる大学がある。以下、人文社会系で主だったテーマにおける科研費細目別採択件数（2011〜2015年度）のランキングをみてみよう（出典は文部科学省。数字は採択件数）。

*政治学　1位早稲田大24・5、7位明治大12
*経済史　6位立教大7
*経営学　2位早稲田大31、6位明治大23、8位法政大20
*金融・ファイナンス　6位青山学院大9、9位慶應義塾大7
*商学　1位早稲田大16・5、3位法政大12、5位明治大9、7位慶應義塾大8・5
*会計学　2位早稲田大21、7位青山学院大、法政大11
*社会学　2位早稲田大35・5、7位立教大18、9位法政大17
*地理学　10位明治大5・5

＊宗教学　8位立教大4
＊社会福祉学　10位立教大12
＊文化財科学・博物館学　5位明治大7・5
＊観光学　1位立教大5

たとえば、明治大は博物館学を得意とする。これは文学部史学地理学科考古学専攻で博物館学が確立していることによる。立教大が観光学で強いのは、観光学部で新しい研究テーマに取り組んでいるからだ。

科研費の採択率は次のとおり（採択件数20以上）。

4位立教大45・1％、18位中央大36・2％、20位慶應義塾大36・1％、26位青山学院大33・8％、36位法政大32・3％、40位早稲田大31・6％、59位明治大28・8％である。

科研費の審査は厳しい。大きなプロジェクトでは億単位の金額が助成されるので、これまでの研究実績とともにしっかりした研究計画が評価される。「数打ちゃ当たる」という戦略ではなく、優れた研究を評価するために十分な準備を怠らない。ここには大学の意気込みが感じられる。そのためには、教員のみならず、事務職員のサポートがなければ、獲得できない。立教大は毎年、採択率が高い。同大学では細目別に「観光学」「宗教学」「ヨーロッパ文学」「経済史」「社会学」「社会福祉学」などで上位10位以内に入っており、いずれも自信がある分野を厳選して申請、評価されたということである。大学の得意分野にかける熱意を見る指標としてはおおいに参考になる。

6 グローバル化

早慶が相次いで国際学生寮を新設

受験生からみてグローバル化が進んでいる大学とは、①キャンパスに外国人留学生、外国人教員が多くさまざまな外国語が飛び交っている、②授業が英語で行われている、③学部生やクラスメートの大半が留学して外国の大学で学ぶ、④外資系企業に就職する、といったことがイメージされるだろう。

図表2－8
国際交流（留学生、外国人教員、海外留学生派遣）

留学生（学部）

大学名	人	比率（%）
早稲田大	2255	5.3
慶應義塾大	486	1.7
明治大	870	2.8
青山学院大	250	1.4
立教大	326	1.7
中央大	554	2.2
法政大	322	1.2

外国人教員

大学名	人	比率（%）	外国人教員 1人あたり学生数
早稲田大	95	6.8	450.3
慶應義塾大	78	5	369.9
明治大	62	6.2	492.5
青山学院大	34	6.9	517.7
立教大	86	16.4	226.5
中央大	26	4.1	964.6
法政大	49	6.7	553.2

海外への留学生派遣

大学名	人	比率（%）
早稲田大	704	1.6
慶應義塾大	49	0.2
明治大	－	－
青山学院大	35	0.2
立教大	28	0.1
中央大	56	0.2
法政大	356	1.3

留学生（学部）は、正規留学生で聴講生、研究生、交換留学生は含まない。外国人教員は、常勤の教授、准教授、講師の合計。海外への留学生派遣は、留学先の大学で取得した単位（16単位）以上が帰国後に日本の大学で卒業要件として認定された学生。

「大学ランキング2017」から。－は未集計留学生、外国人教員、海外への留学生派遣について表にまとめてみた（図表2－8）。早稲田大は留学生が多い割には外国人教員が少ない。一方、立教大は留学生が少ないにもかかわらず、外国人教員が多い。法政大は留学生数が少ない。だが、海外留学生派遣は多い。こうしたアンバランスは、それぞれの大学が力を入れやすい分野を伸ばしたからだ。それは、大学全体の方針というより、学部の考え方が色濃く反映されている。

外国人留学生の受け入れを見てみよう。

早稲田大は国際教養学部が大きな受け皿となっている。約50カ国・地域から823人の留学生が学んでいる。同学部生の28％にあたる。次に多いのが商学部154人、少ないほうでは法学部34人なので、国際教養学部が群を抜いている。出身は韓国、中国、台湾が7割以上を占める。

学部でこれほど留学生がいれば、日本人学生との交流は盛んになる。しかし、留学生が少ない学部では「国際交流」はなかなか進まないことがある。留学生は生活のため放課後はアルバイトに忙しい。日本人学生もどのように接していいかわからない。このようなすれ違いを解消するため、多くの大学では日本人学生と留学生が交歓できる場を設けている。立教大には、「グローバルラウンジ」というスペースがあり、「World Cafe」は外国語で会話を楽しむことができ、「Country Festa」では留学生が自国を紹介する場となる。法政大には市ケ谷、多摩、小金井の3キャンパスに「Gラウンジ」があり、留学生や外国人教員と日常的なコミュニケーションをとることができる。青山学院大では「青山学院チャットルーム」で留学生とふれ合える。

学生寮では留学生と生活をともにできる大学がある。中央大には国際寮が二つある。一つは3Kを3人でシェアするタイプ(東京都日野市多摩平、全62室)、もう一つはワンルームタイプ(東京都多摩市一ノ宮、全94室)がある。早稲田大国際学生寮(東京都中野区中野、定員872人)は、2014年に完成したばかりだ。原則として4人が1ユニットとなり、リビングを共有する。留学生と日本人学生混合寮としては国内でいちばん規模が大きい。早稲田大に対抗するかのように、慶應義塾大は、2017年に新国際学生寮「慶應義塾大学日吉国際学生寮(仮称)」を開設する。留学生と日本人学生がともに暮らす混住型の寮となる。

教育目標にTOEIC®のスコア

授業が英語で行われる。これを原則として100%行っているのが、早稲田大国際教養学部、法政大グローバル教養学部である。立教大経営学部国際経営学科の専門科目の約7

割は英語による講義となっている。青山学院大国際政治経済学部は「Global Studies Program」を導入して、卒業要件の半分にあたる専門科目を英語による授業で行う。明治大国際日本学部、法政大国際文化学部なども英語による授業を増やしている。中央大総合政策学部では約300科目のうち1割はすべて英語で講義を行っている。

慶應義塾大経済学部では、2016年9月から英語のみで学部を卒業できるプログラム「PEARL」(Programme in Economics for Alliances, Research and Leadership)をはじめる。定員は100人。対象は外国人学生および日本人学生となっている。このプログラムは留学先で授業を受けるという、相当な語学力を要する。これまで海外生活がなく一般入試で入学した日本人学生が受講するのはかなりむずかしいだろう。

早慶MARCHすべてで英語による授業を実施している。国際系学部、学科はその牽引役となっているが、他の学部もこうした傾向は強まっていく。つまり、大学のなかで英語教育のウェートが高まっていくだろう。その目的は、もちろん、英語で何不自由なくディスカッションできる力を身につけさせるためだ。

将来の進路を考えると、大学も学生も英語の必要性は十分すぎるほど認識している。しかし、大学での語学教育が成果をあげているとは言いがたい。同じ大学でも学部によって英語教育に対する姿勢はかなり温度差がある。

青山学院大の学生が自らの経験をふり返ってこう記している。

「所属した学部に発展的な英語の講義がない3年生がさらに英語の力を付けようとするのなら外部の機関に通うしかなく、実際にそうした学生がいるのが本学の現状だ。（略）日本語字幕付きの洋画を鑑賞し、駅から本学までの道筋を英語で説明した。他には西洋の童話を和訳するなどしたが、おしなべて高校時代に学んだ英語より程度の低い講義内容だと感じた」（青山学院大学新聞、2015年4月1日）

これは青山学院大だけの話ではない。早慶MARCHすべてについて言えることだ。グローバル化を進めるうえで、大学は英語教育をどのように改善したらいいか。さまざまな教育方法を採り入れようと必死だ。たとえば、英語の授業についていけるレベルの証しとしてTOEIC®のスコアを教育目標に掲げる。

立教大は、現在、グローバル化を進めるため、「Rikkyo Global 24」という政策を打ち出している。このなかで、2019年までに学生の50％以上がTOEIC® 730点相当以上、100％が600点相当以上の英語力を有するという目標を掲げた。明治大政治経済学部はTOEIC® 800点以上のスコアを持つ学生数（2016年度卒業生＝3年生）

を100人にすることを目指している。

中央大は「TOEIC®IP集中講座」を行っている。法政大には「TOEIC®テストスコアアップ講座」がある。同大学では全学でTOEIC® IPを実施しており、受験料は無料。「可能な限り受験してください」と呼びかける。

本家、ディズニーワールドで学ぶ

語学力を高めるもっとも効果的な方法は海外留学である。留学経験者、語学教師の多くはこう考えている。間違っていない。それゆえ、大学は学生に海外留学を勧める。しかし、大学の留学制度が十分に機能していなければ、せっかく留学してもその学生が勉強を怠ったり、現地の生活になじめなかったり、日本人だけで行動したりなどで、語学力がほとんど身につかなかったというケースがある。さすがに早慶MARCHの留学制度はそのようなことはない。

学生の留学体験をまとめてみよう（大学案内からの引用）。

早稲田大政治経済学部のAさん。グローバル・リーダーシップ・フェローズ・プログラムで1年間、アメリカ、ジョージタウン大学で学んだ。

「世界経済と貧困をテーマにさまざまな科目を履修、授業の一環として世界銀行の本部を訪れる機会もあり、首都ワシントンDCで学ぶ醍醐味を実感しました。また、ダンススクールに参加したり、選挙事務所でインターンシップを経験したりと、限られた留学期間ですから、もったいない精神で果敢にアクションを起こしました」

早稲田大は86カ国・地域、725大学と提携を結んでいる。国際教養学部では日本語を母国語とする学生が留学必須となる。

慶應義塾大理工学部のBさんは、交換留学制度で9カ月間、アメリカ、ワシントン大で学んだ。

「学部4年生ならではの高度な研究に携わり、多くの成果を得ることができました。学ぶ以外にも5人のルームメイトとの共同生活や、現在も交流が続いている友ができたことなどさまざまな収穫があります」

明治大国際日本学部には2年次秋以降に留学できるプログラムがある。同大学のCさんはアメリカ、フロリダ州立大学・ディズニーワールド提携セメスター・インターンシップ留学プログラムを体験した。ディズニーワールドでの就業体験である。

「もともと、サービス業を将来の仕事として考えていたこともあり、本場のディズニーワールドでアメリカ流のサービス精神や世界で通用するホスピタリティを学生のうちに肌で感じる大きなチャンスでもありました」

青山学院大国際政治経済学部のDさん、9カ月間、タイのタマサート大で学んだ。

「将来、タイで暮らし、働くことを念頭に入れ、熟慮した結果です。欧米からの留学生も多い、異文化を背景にもつ多様な人種や国籍の留学生と寝食を共にして、ひとまわり大きく成長して帰ってきました」

立教大文学部のEさんは派遣留学生として、イギリス、エセックス大で1年間学んだ。

「留学生が4割を占める国際色豊かな大学なので、さまざまな国や地域から来た留学生と友だちになることができ、有意義な時間を過ごせた」（2015年度）

立教大では異文化コミュニケーション学部、経営学部国際経営学科が留学必須となる。

中央大理工学部のFさんは2年次の夏休みに、アメリカ、カリフォルニア大デイヴィス校の短期留学プログラムに参加した。こう話す。

「理工学部の学生が普段、通学する後楽園キャンパスで事前授業を受けられたため履修しやすく、また、留学中は語学そのもののみならず理工系のトピックスについて英語で学ぶ機会も用意されていて、理工系の知識を深めることもできました」。

中央大は33カ国・地域、169大学・機関と提携を結んでいる。

法政大のグローバル化で特筆すべきなのが、海外への留学生派遣である。早慶MARCHでは2番目に多い。大学全体、学部ごとの留学制度が充実しているからだ。大学教職員が留学先を開拓してきたことが大きい。海外交流大学は32カ国・地域で194大学・機関。短期留学、国際ボランティア、海外インターンシップを含めれば、留学や就業などの海外体験者は1055人にのぼる（2015年度）。

法政大国際文化学部は留学が必須となる。同学部のGさんはフランスの西部カトリック大に留学した。

「フランス語の正しい文法や単語がわからなくても話したい、伝えたいという思いをもって一生懸命話せば必ず相手に伝わります。現地で出会った留学生とは、帰国直前には習得したフランス語で笑い合ったり、悩みを相談し合ったりすることができるくらいのかけがえのない仲間となりました」

国際ボランティアで視野を広げる

グローバル化は外国語教育、留学だけで測れるものではない。異文化との交流も重要になってくる。いま、グローバル化に力を入れる大学の多くは、国際ボランティア参加を推奨している。その目的はさまざまな場面で異文化体験をさせることである。国際ボランティアの参加状況をまとめてみた（図表2－9）。

２０１４年度の参加者がもっとも多かったのが法政大だ。その実績はメコン川流域国での難民支援、フィリピンやカンボジアにおける教育支援、ミャンマーでの子どもたちへの文化活動などである。

２０１４年２～３月、法政大社会学部４年のＨさんはフィリピン、マニラの小学校やスラム街で給食づくりを行った。ひたすら野菜を切ったり、皿を洗ったりの毎日である。子どもたちとの交流ができて楽しかったという。ただ、治安の悪い地域だったので常に緊張して行動しなくてはいけなかった。一

図表２－９
国際ボランティア参加学生

2014年度

大学	人
早稲田大	40
慶應義塾大	22
明治大	15
青山学院大	31
立教大	15
中央大	24
法政大	59

2010～2014年度の累計

大学	人
早稲田大	151
慶應義塾大	103
明治大	83
青山学院大	89
立教大	86
中央大	69
法政大	92

「大学ランキング2017」から

緒にボランティアを行う日本人メンバーが睡眠薬強盗にあっている。Hさんはこう記している。

「グローバル人材とは、英語が堪能な人、人前でも物おじしない人、社交的な人というイメージでした。英語が喋れて、人と話すことはもちろんグローバル人材として大切なことだと今回のボランティアを通じて学びました。一方、それよりも大切なことは、違う文化にいる相手をどれだけ思いやれるか、どこまで自分が違う文化に積極的に関われるか、ということだと学びました。フィリピンでは英語が堪能な人はもちろん多くいます。しかし、子どもたちや一部の大人はあまり英語を喋ることができません。そのような彼らとコミュニケーションをとろうとしたときに、相手がなにを言いたいのか考え歩み寄る心や、自分自身が相手の文化をより学ぼうとする積極的な姿勢が必要なのだと思いました」(「2013年度国際ボランティア・インターンシッププログラム活動報告書」、法政大学グローバル人材開発センター)

青山学院大も国際ボランティアに力を入れている。2014年、同大学のIさんはニュージーランドでエコ・ボランティアを行った。環境保全を目的とした支援活動である。CIEE(＝国際教育交換協議会。海外ボランティアの手続き機関)に申し込んでの参加となった。彼女は現地で湖の周りに植林をして、苗の成長の妨げとなる外来植物を除去する作業を行った。植林ではうまく穴が掘れなくて、苗を植えられず苦戦したという。こう話している。

「私たちの植えた木はすべてニュージーランド産のもので、それが育ち生態系が元に戻れば湖の水は綺麗になり、川の水が綺麗になることに繫がります。そして川の水が綺麗になれば海を綺麗にすることに繫がります。この活動は小学校など学校も巻き込んで活動をしているそうです。この話を聞いた私はより一層丁寧に作業をするように心がけ、植えた木が枯れてしまわないように一所懸命外来植物の除去をしました。また、日本でもこのような教育をすればいいのにとも思いました」（CIEEのウェブサイト）

法政大、青山学院大などでは、国際ボランティア参加が、卒業要件の単位として認められている。

7　理工系学部

数学が社会にどのように役立つかを知る

２０１０年代は理学部、工学部、理工学部の志願者が増え、理工系ブームが続いた。しばらく景気が悪かったせいか、受験生は技術者、研究者など理工系という高度な専門職に将来性を感じたのだろう。とくに女子の志願者が増えた。「リケジョ」という言葉も生まれている。２０１５年度入試で理工系学部の志願者増はいったん落ちついたが、人気がなくなったということはない。

理工系といっても数学、化学、物理、機械、電気、建築ではまったく性格が異なる。こうした専門分野は学科、専攻、コース、講座などに分かれて勉強する。いま、理工系学部ではどのような分野を学べるのか。早慶ＭＡＲＣＨの学部を学科で分類して表にまとめて

図表2－10　理工系学部、学科構成

数学、物理、化学

大学	学部	学科		
		数学	物理	化学
早稲田大	基幹理工学部	数学 応用数理		
早稲田大	先進理工学部		物理 応用物理	化学・生命化学 応用化学
早稲田大	教育学部	数学	理学	
慶應義塾大	理工学部	数理科学	物理 物理情報工	化学 応用化学
明治大	総合数理学部	現象数理		
明治大	理工学部	数学	物理	応用化学
青山学院大	理工学部		物理・数理	化学・生命科学
立教大	理学部	数学	物理	化学
中央大	理工学部	数学	物理	応用化学
法政大	生命科学部			環境応用化学

機械、電気、情報・通信・コンピューター

大学	学部	学科		
		機械	電気	情報・通信・コンピューター
早稲田大	基幹理工学部	機械科学・航空	電子物理システム	情報理工 情報通信
早稲田大	創造理工学部	総合機械工		
早稲田大	先進理工学部		電気・情報生命工	
慶應義塾大	理工学部	機械工	電子工	情報工
明治大	総合数理学部			先端メディアサイエンス ネットワークデザイン
明治大	理工学部	機械工	電気電子生命	機械情報工 情報科学
青山学院大	理工学部	機械創造工	電気電子工	情報テクノロジー
中央大	理工学部	精密機械工	電気電子情報通信工	情報工
法政大	情報科学部			コンピュータ科学 ディジタルメディア
法政大	理工学部	機械工	電気電子工	応用情報工

図表２－10　理工系学部、学科構成

建築、経営工・システムデザイン、都市・環境

大学	学部	学科		
		建築	経営工・システムデザイン	都市・環境
早稲田大	人間科学部			人間環境科学
早稲田大	基幹理工学部		表現工	
早稲田大	創造理工学部	建築	経営システム工	社会環境工 環境資源工
慶應義塾大	環境情報学部			環境情報
慶應義塾大	理工学部		管理工 システムデザイン工	
明治大	理工学部	建築		
明治大	農学部			食料環境政策
青山学院大	理工学部		経営システム工	
中央大	理工学部		経営システム工	都市環境
法政大	デザイン工学部	建築	システムデザイン	都市環境デザイン工
法政大	理工学部		経営システム工	

みた（図表２－10）。

　おおざっぱに言えば、７校すべてに物理、化学の学科がある。法政大に数学科はないが（青山学院大は物理・数理学科）、理工学部経営システム工学科で数学を専門に学べる。また、機械、電気の学科は、立教大を除いて揃っている。立教大には工学系学部がない。しかし、機械、電機メーカーへの就職実績は十分にある。数学、物理の専門知識がものを作る分野に生かせるからだ。

　早慶ＭＡＲＣＨの理工系学生はどんな生活を送ってきたか。所属する学科の特徴、研究テーマ、進路などについて、話をまとめてみた（「大学案内」２０１４～

図表2－10　理工系学部、学科構成
生命系、人間科学・キャリア・スポーツ・福祉系・医歯薬、農学・動植物

大学	学部	学科		
		生命	人間科学・キャリア系・スポーツ・福祉系・医歯薬	農学・動植物
早稲田大	人間科学部		人間情報科学 健康福祉科学	
早稲田大	先進理工学部	生命医科学		
早稲田大	スポーツ科学部		スポーツ科学	
慶應義塾大	理工学部	生命情報		
慶應義塾大	看護医療学部		看護	
慶應義塾大	薬学部		薬 薬科学	
慶應義塾大	医学部		医	
明治大	農学部	生命科学		農 農芸化学
立教大	理学部	生命理		
立教大	コミュニティ福祉学部		スポーツウエルネス 福祉	
中央大	理工学部	生命科学 人間総合理工		
法政大	人間環境学部		人間環境	
法政大	キャリアデザイン学部		キャリアデザイン	
法政大	理工学部	創生科学		
法政大	生命科学部	生命機能		応用植物科学
法政大	現代福祉学部		福祉コミュニティ	
法政大	スポーツ健康学部		スポーツ健康	

2016年からの引用）。

立教大理学部数学科のJさんは、おすすめの授業をこう語る。

「応用解析入門で、微分方程式を解くことから、自然科学や社会科学の問題へのアプローチを学びます。身近な現象を扱うこともあり、数学が社会にどのように役立っているかを考えるきっかけになりました」

中央大理工学部都市環境学科のKさんは東日本旅客鉄道に就職した。こうふり返る。

「人々の都市生活をよりよくするためのシステムについて専門的に勉強しましたが、学部での学びがそのまま社会に役立つという実感が常にありました。そして、この学びを一部の人たちのためではなく、なるべく多くの人たちのために役立てたいという思いが強まり、鉄道会社を志望するようになりました」

青山学院大理工学部機械創造工学科のLさんは、自信作といえる製品を作りたいと実験に没頭した。

「材料力学の『電子実装基板の高精度熱ひずみの測定』を企業との共同研究で進めています。基板が熱の影響で故障しないよう、熱による変形を画像データ化して測定、解析し、電子機器の信頼性を向上させようという試み。社会的意義が明確でとてもやりがいを感じます。志望企業から、内定を得たいま、将来は自分で創ったと自信をもって言える製品を世に送り出していきたいです」

銀行、保険会社へ就職し金融商品を開発

大学での研究が就職先でそのまま生かせるというケースはベストである。だが、機械工学科出身者が食品メーカーに就職することもある。畑は違うが、理系の基礎知識、研究に対する取り組みを評価してのことだ。

青山学院大理工学部のMさんは、分子分光学に取り組む。光と分子の相互作用によって生じる光の強度やエネルギーの変化から、分子の構造を調べることだ。

「企業からお預かりした試料を特殊な分光装置で測定、解析し、研究中です。就職活動でも本学科で培った自分の限界を決めないプラスアルファの行動力をアピールし、念願だった化粧品メーカーに内定しました」

法政大理工学部経営システム工学科のNさんは、アクチュアリー（保険数理人）という、ビジネス上のリスクや不確実性を分析、評価したりする専門職に関心を持っている。

「現在の研究テーマは取引コストを含んだ最適な取引回数を調べること。諸条件下での株

価変動をグラフ化して投資戦略を考える研究もしています。社会で役立つ実践的な学問であり、かつ、自身の実生活にも応用できるのが魅力です」

理工系学部から銀行、商社、保険会社などへ就職者が増えている。高度な数学を使った経理システムの構築、金融商品の開発がおもな業務となる。こうした専門性を身につける分野が、法政大経営システム工学科のようなところであり、経営工学、システム工学、管理工学、金融工学などである。

たとえば、慶應義塾大理工学部管理工学科の今井潤一教授の研究室ではデリバティブ（金融派生商品）である先渡しや先物、オプション、スワップなどについて学ぶことができる。今井教授は金融工学に関する著書が多い。これらはものを作るという機械、電気などの工学とは少し違う、経営学の領域でもある。

工学部のなかで人気が高いのは建築学科である。いつの時代でも優秀な志願者は殺到し、難易度が高くなる。建築学科があるのは、早明法の3校のみだが、慶應義塾大はシステムデザイン工学科で建築デザインを基礎から応用分野まで学べる。

早稲田大創造理工学部建築学科のOさんが話す。

「学ぶうちに住みやすさへの関心が高まり、現在は田辺先生の研究室で人工気象室を用いた移動空間の快適性について研究を進めています。生活や環境など、私たちの暮らしに結びつく身近なテーマと向き合えることがこの分野のおもしろさだと思います」

田辺新一教授のことで、快適性と省エネルギーを両立させた建物を研究している。

国家公務員理工系区分＝技官への道

理工系学部出身者は、一級建築士試験のように国家資格によって信頼される専門職に就くケースが多い。技術士、弁理士などである。早慶MARCHの合格者をまとめた（図表2－11）。技術士とは、高度で専門的な科学技術について計画・研究・設計・分析・試験・評価またはこれらに関する指導業務を行える資格である。弁理士は発明＝特許、デザイン＝意匠、商品やサービスのマーク＝商標などの権利の特許庁への出願手続き代理などを行える資格だ。

中央大は中大技術士会などOBOGによって「技術士ガイダンス」を行っている。また、弁理士試験のための無料講座として、特許法・実用新案法・意匠法・商標法の四法についての講義「知的財産取扱基礎知識」なども実施している。

受験生にすれば建築士、弁理士はある程度はわかるだろう。大学、学部選びで将来の進

図表2－11
理工系学部から資格試験への合格状況

一級建築士

大学	人
早稲田大	99
慶應義塾大	20
明治大	54
法政大	45

2015年度

技術士

大学	人
早稲田大	98
慶應義塾大	26
明治大	20
中央大	56
法政大	33

2015年度

弁理士

大学	人
早稲田大	12
慶應義塾大	13
中央大	6

2015年度

図表2－12
理工系学部から国家公務員試験への合格状況

国家公務員

大学	総合職技術系	一般職技術系
早稲田大	31	15
慶應義塾大	21	9
明治大	4	9
青山学院大	1	1
立教大	0	2
法政大	2	12
中央大	9	16

2015年度

上記は所管省庁の資料から集計

路としてこれらの職業を知ることになるからだ。

それにくらべて、国家公務員はどうか。とかく文系の職業のように思われ、理工系とあまり結びつかないだろう。国家公務員の総合職の採用試験で理工系分野として工学、数理科学・物理・地球科学、化学・生物・薬学、農業科学・水産、農業農村工学、森林・自然環境がある。一般職の採用試験では、電気・電子・情報、機械、建築、物理、化学、農学などの区分がある。国家公務員理工系区分の合格者をまとめた（図表2－12）。これらは技術職、技官とも呼ばれる。

入省後、たとえば、文部科学省では科学技術振興関係の業務を担当する。国土交通省では土木、建設、通信、電気に関わる業務に就く。

2012年度、国土交通省総合職技術系区分の入省者が早慶法出身者を合わせて10人いた。

- 早稲田大　創造理工学部4人、大学院創造理工学研究科3人、大学院先進理工学研究科1人
- 慶應義塾大　大学院理工学研究科1人
- 法政大　デザイン工学部1人

同年度、経済産業省総合職技術系区分の入省者は早慶2人がいた。
●早稲田大　大学院創造理工学研究科1人
●慶應義塾大　大学院理工学研究科1人
彼らはいわゆるキャリア官僚の技官である。

8　学生支援、福利厚生

図書館——学習室の充実

大学図書館を利用する学生が増えている。本を借りるばかりではなく、学ぶスペースとして活用されているからだ。最近、学生たちがディスカッションできるスペース「グループ学習室」「ラーニングコモンズ」などが、次々と作られている。学習環境という機能を強化するためだ。また、論文情報を検索できるシステムも充実しており、世界中の論文に

図表2－13　大学図書館の現勢

大学	蔵書冊数	学生1人あたり蔵書数	受入冊数	学生1人あたり受入冊数	貸出冊数	学生1人あたり貸出冊数
早稲田大	5,531,732	106.2	92,348	1.8	750,548	14.4
慶應義塾大	4,890,889	144.3	55,649	1.6	782,801	23.1
明治大	2,558,126	77.4	45,022	1.4	342,396	10.4
青山学院大	1,743,411	91.4	18,357	1.0	171,112	9.0
立教大	1,823,482	86.7	33,612	1.6	262,933	12.5
中央大	2,563,443	94.3	40,944	1.5	161,949	6.0
法政大	2,411,454	82.8	39,191	1.3	265,144	9.1

「大学ランキング2017」から

図表2－14　大学図書館の利用

大学	名称	開館時間	閲覧席	貸出冊数（1回につき）	貸出期限
早稲田大	中央図書館	9:00～22:00	約1800席	15冊	14日
慶應義塾大	三田メディアセンター	8:30～22:00	1201席	上限なし	14日（洋書30日）
明治大	中央図書館	8:30～22:00	1,272席	15冊	15日
青山学院大	大学図書館本館	9:00～21:40	1000席	1、2年＝7冊 3、4年＝10冊	14日
立教大	池袋図書館	8:45～22:30	1,520席	10冊	14日
中央大	中央図書館	9:00～22:00	1685席	10冊	15日
法政大	市ヶ谷図書館	9:00～22:00	約1,500席	10冊	14日

各大学の資料から。貸出は学部生のみ

アクセスできるようになった。

もちろん、図書館の蔵書、貸し出しは、これまで以上に力を入れている。早慶MARCHの図書館の蔵書、貸出冊数、利用方法についてまとめた（図表2－13、2－14）。図書館の賑わいは、大学の活性化を測る一つのバロメーターである。7校の図書館の概要をみてみよう。

早稲田大中央図書館（早稲田）は国際会議場と合わせて総合学術情報センターとも呼ばれる。地上4階、地下2階。延べ床面積2万8000平方メートルは国内の大学図書館でもかなり広い部類に入る。1～4階に閲覧室があり、2、3階にはグループ学習室がある。また、DVD、CDを視聴できるブースが33ある。コレクションが多数あり、大隈重信関連の資料、数学史家の小倉金之助が収集した日本や中国の算学書、江戸時代中期の儒学者・服部南郭の蔵書などがある。

慶應義塾大三田メディアセンターでは、早慶MARCHのなかで唯一、貸出冊数に制限を設けていない。一度に何冊でも借りられる。地上6階、地下5階。5階の研修室は68人収容でき、授業で使用されることが多い。また、早稲田大と一橋大の図書館を利用できる（図書館相互利用の協定を結んでいる）。コレクションとして、15世紀にグーテンベルクが活版印刷技術を用いて印刷した初めての聖書などがある。

明治大中央図書館（駿河台）はリバティタワー内にある。地上1階から地下4階に広がる。1階にはマルチメディアエリアがあり、外部データベース、電子資料、インターネットなどの活用で、学習、調査研究ができる。地下2階は社会科学系の図書、地下3階には人文・自然科学系の図書が開架されている。グループ閲覧室3室、利用者が討議しながら学ぶ共同閲覧室1室がある。新宿区早稲田鶴巻町には現代マンガ図書館がある。単行本10万5000冊、雑誌約6万7800冊が収められている。

青山学院大（青山）の図書館本館は地下1階から3階までフロアがある。地下1階は洋書。1階は共同学習エリア、マルチメディア室。2階は社会科学系、自然科学系の図書、3階には人文系の図書が並ぶ。山手線沿線私立大学図書館コンソーシアムによって、学習院大、国学院大、東洋大、法政大、明治大、明治学院大、立教大の図書館を利用できる。相模原キャンパスの万代記念図書館は1階から3階部のフロアを擁する。大きな吹き抜けを中心に1000席の閲覧席がゆったりと配置され、窓から緑豊かなキャンパスの風景を眺めながら、落ち着いた雰囲気で利用できる。

立教大の池袋図書館はロイドホール地下2階〜地上3階および12号館地下1階〜地上2

階で構成されている。グループ学習室が12人用6室、18人用2室あり、ホワイトボード、大型ディスプレーが整備されている。多目的に使える講習会室（50席）が2室あり、授業や基礎演習に使われている。リフレッシュルーム（地下1階）、テラス（3階）には飲料の自動販売機が備えられており、軽食をとることができる。

中央大中央図書館（多摩）は4階5層構造の建物となっている。3階にグループ読書室が2室ある（12人用、24人用）。ホワイトボード、プロジェクターなどが整備。「教職員推薦図書コーナー」には、教職員が学生にぜひ読んでほしいと願う本などを並べている。また、学生がそれを読み終わったあと、推薦者への感想を伝えるメッセージの箱もある。コレクションにはトマス・ハーディ関連書籍と資料、マルクス『資本論』各国語版初版本など。

法政大市ケ谷図書館は地下4階から2階までのフロアで構成されている。図書館員による情報リテラシーの指導を受けられる。学生の学習のためのスペース、「ラーニングコモンズ」ではプロジェクター、スクリーン、プリンターが整えられ、図書館資料や個人のパソコンを持ち込んで勉強できる。コレクションには三木清、和辻哲郎、戸坂潤などの個人文庫。多摩図書館には明治時代から今日までの雑誌の創刊号がそろう。

福利厚生──トレーニングルーム、セミナーハウス

大学の福利厚生施設を十分に使いこなしている学生はそれほど多くない。学内のトレーニングジム、セミナーハウス（合宿所、保養施設）を見てみよう。

早稲田大では戸山キャンパス学生会館地下2階のトレーニングセンターを利用できる。フィットネス相談室、更衣室・シャワールームなどもある。登録料2000円（1年間有効）のリフレッシュスタジオがあり、ヨガ、キックボクシング、ピラティス、ストレッチポールを使った運動などレッスンプログラムを受けられる。セミナーハウスは松代（群馬県十日町市）、伊豆川奈、軽井沢、菅平、鴨川にある。軽井沢は2013年にオープンしたばかりで学生246人まで収容可能だ。テニス、バレーボール、バスケットボールのコート、そして野球場がある。1泊1500円（食事なし）。

慶應義塾大の日吉キャンパスでは体育研究所のトレーニングルームが利用できる。空気圧のトレーニングマシン、エアロバイクなどがある。温水プールもある。また、公開講座としてピラティスを教えている。セミナーハウスは立科山荘（群馬県立科町）、赤倉山荘（新潟県妙高市）がある。立科山荘は192人収容。教室は四つ。テニス、バレーボール、

バスケットボール、バドミントンのコートがある。１泊２食付きで約４０００円。

明治大の和泉キャンパス総合体育館のフィットネスルームではトレーニングマシンを授業の合間に開放しており、事前にツイッターで告知している。セミナーハウスは山中、清里、檜原湖、菅平にある。檜原湖は収容定員62人。他は１００人。清里は教室が六つ、プロジェクターがそろう。檜原湖の体育館にはピアノがある。１泊２食付きで約３０００円。

青山学院大には青山、相模原にフィットネスルームがある。有酸素マシン、ウェートマシン、フリーウェートゾーン、フリースペース、ランニングマシンがあり、初心者からアスリートレベルまで対応できるマシンがそろう。セミナーハウスは白馬ヒュッテ（長野県小谷村）があり、ゲレンデまで２分。夏はテニス、ハイキング、バーベキューを楽しめる。１泊３食付き２２００円。

立教大の池袋、新座の２キャンパスには、学生が正課、部活動、行事の空き時間に利用できるトレーニングルームがある。池袋のポール・ラッシュ・アスレティックセンターに温水プール、屋上コート、アリーナなどが整備されている。新座のセントポールズ・アスレティックセンターには二つの温水プールがあり、体育施設にはテニスコートがある。

中央大多摩キャンパスのＣスクエアという棟の１階にトレーニングルームがあり、各種施設がある。エアロバイク、ランニングマシン、レッグプレス、ダンベルセット、オーバーヘッドプレス、フラットベンチなどがそろう。セミナーハウスは、野尻湖セミナーハウス（長野県信濃町）、富浦臨海寮（千葉県南房総市）がある。野尻湖セミナーハウスは52人収容。多目的ホール1、談話室2、ゼミ室3、テニスコートなどがある。1泊3食付きで2500円。

法政大の市ケ谷総合体育館地下1階にはトレーニングセンターがあり、各種施設を使える。セミナーハウスは富士セミナーハウス（山梨県鳴沢村）が、富士山麓、青木ケ原の樹海の一角にあり、標高1100メートルの清涼の地に立っている。1泊食事なしで2160円。

図表2－15　おもな学生食堂の概要、メニュー値段

	食堂	営業時間	席	カレー	ラーメン
早稲田大	大隈ガーデンハウス	11時15分～19時50分	672	250	356
慶應義塾大	山食	10時30分～16時	150	320	400
明治大	スカイラウンジ暁	10時30分～19時	367	310	380
青山学院大	イチナナ、チカナナ	10時～17時	2,100	300	250
立教大	第一食堂	10時30分～17時30分	276	270	320
中央大	ヒルトップ	10時～19時	3,255	310	310
法政大	フォレストガーデン	11時～19時	415	380	350

編集部調べ。カレーとラーメンは円単位

9　学生食堂

100円朝食で学生の健康を維持

学生食堂はきれいでおしゃれになった。食事もメニューが豊富でおいしくなった。

OBOGが何十年ぶりに大学を訪問して、学食をのぞくとこんな感想を述べることが多い。昭和の学食は安い、汚い、まずい。カレーに肉が入っていない。ラーメンのチャーシューはペラペラである。そんな経験をしたOBOGにすれば、2010年代の学食は驚きの連続であろう。

早慶MARCHの学食の概要を表に記した（図表2－15）。以下、早稲田大学学食研究会（学生サークル）の報告をもとにそれぞれの特徴をまとめた。いずれも本部機能があるメインキャンパスの学食が中心となっている。いずれの大学も、学生が食をとおして健康維持につとめられるように力を入れていることがわかる。

早稲田大の大隈ガーデンハウスは、フロアによってメニューが異なっている。2階はプレート、カレー、どんぶり、ビュッフェなど。おかずを組み合わせて食べるカフェテリア方式となっており、量り売りのサラダバーがある。3階は麺類、パスタ、グリルなどがあり、ケーキ・お菓子・アイスクリームがそろう。学生に人気があるメニューは「大隈プレート」（日替わり、550円）、「大隈定食」（500円）。いずれもボリュームがあり、ときにサバと唐揚げの両方を食べられるので、学生から支持されている。学食パスというサービスを導入し、学生が食べたメニューをまとめ、栄養価を確認することができるのも、大きな特徴だ。食堂内には、縦長の机が3列並べてあり、混雑時には長居できない。また、机は1人分のスペースが少し狭く、隣や向かい側の席と近く感じるが、落ち着いて食べることはできる。

2016年度は春学期と秋学期の2回、期間限定で100円朝食を実施する。「サバみそ煮、キャベツ、ひじき」「ハンバーグ、オムレツ、キャベツ、ほうれんそうごま和え」など4種類から選べる。

慶應義塾大三田キャンパスには山食《やましょく》という老舗名物食堂がある。創業は1937（昭和12）年。大学近くに寄ったOBOGがふらりと訪れる。食堂内には塾旗が大きく掲げられて、歴代塾長の顔写真が並ぶ。いやがおうでも愛校心がかき立てられる。看板メニューの山食カレーは「辛みが利いており、おいしい。値段も安く量も十分だった」と慶應以外の学生にも好評だ。日によってカレーのトッピングメニューが異なる。大学グッズとしてレトルト版を販売している。山食のメニューはほぼ固定式で、さば味噌定食（450円）など。

日吉キャンパスの食堂で学生から絶大な支持を得ているのが、「慶應パワー丼」（410円）。ニンニクやニラをからめた肉丼の上に温泉たまごがのっている。ご飯の量が約1・5倍、肉の量は2倍という大盛りサイズは体育会向けだ。

慶應の学食では100円朝食がある（期間限定）。1食分500円相当の朝食を出しているが、不足分は学生健康保険互助組合から補塡《ほてん》している。朝食サービスは、学生の健康維持とその増進を図るために、2006年から始まった。100円朝食のルーツは慶應の日吉と言われている。

地上17階で東京を一望しながらランチを楽しむ

明治大駿河台キャンパスのリバティタワー17階（高さ約75メートル）にある学食「スカイラウンジ暁」は、窓から東京の街並みを一望することができる。陽が落ちると、夜景を楽しむことができる。窓際にカウンター席があり、1人でも入りやすい。雰囲気は落ち着いていて、居心地も良い。エレベーターが数台あるので、たどりつくまで時間がかかるということはない。利便性は良いほうだろう。

名物メニューにはオムレツハヤシ（380円）、駿台スペシャル（一例、コロッケ、チキンシチュー、ガーリックライス、鶏唐揚げ、メンチカツ、ケチャップライス。480円）。通常のカレーの3倍はあるトリプルチキンカレー（540円）、麺を3玉使っているトリプルラーメン（510円）。ラーメンの種類は豊富で、醤油、塩、味噌、とんこつ、担々麺、タンメン、チャーシュー麺といった七つの風味を楽しめる。

駿河台、和泉、生田、中野の4キャンパスの学食で100円朝食を実施している（期間限定）。

青山学院大青山キャンパスにはイチナナ、チカナナという名称で親しまれた学食がある。イチナナは正門左の17号館1階、チカナナは7号館地下1階にある。イチナナは全体的に明るくおしゃれな造りとなっており、学生だけでなく、近所のサラリーマンがランチに寄る。ランチ時間以外でも学生の談笑の場となっている。1人でゆっくりと食事ができる1人用席もある。メニューは日替わりが多く15種類ほど。大豆ミートスパゲティ（400円）、ココナッツチキンカレー（450円）、牛肉の温しゃぶポン酢（400円）、サワラのボンファム（400円）など学食の域を超えた、ユニークなメニューが並んでいる。

チカナナは値段が安めで、チカナナカレーセット（カレー、味噌汁、サラダ付き、300円）は、学生にとってありがたい。

青山キャンパスで100円朝食を実施している（期間限定）。

立教大の第一食堂はレンガ造りのゴシック建築が目を引く。窓枠や扉は白で統一され、キリスト教精神に基づいた大学であることを思い出させる。内装は、窓が少ないせいで日中でも少し薄暗いが、それがこの食堂の荘厳な雰囲気をより一層引き立てている。三角屋根の天井は高く開放感があるので、実際の狭さを感じさせない造りだ。テーブルやイスも全て温かみのある木目調となっている。映画『ハリー・ポッター』に出てくるような雰囲気なので、ハリポタ食堂と言われている。立教大生によれば、カツ丼、親子丼など卵を使った料理ははずれがない、という。丼ものをはじめ、定食には必ずレタスやキャベツの千切りといった緑野菜が入っている。定食1プレートに何種類もおかずがあるので栄養は満点だが、カロリーは高めである。学生のマナーが良いのか、清掃が行き届いているのか、食堂内は清潔感にあふれている。

良いことずくめだが、学生数に比べ席数がとても少ないので、昼の時間帯は超満員となる。12時30分の時点で空席はない。混雑時は隣の人との距離もあまりなく落ちつかない。夕方は学生が少なく、オレンジの控えめな照明がきれいなので、ゆっくりと時を過ごせる。

中央大は3000席が用意され1日1万人以上が来店

法政大市ケ谷キャンパスのフォレストガーデンは、ボアソナード・タワーの地下1階にある。1人席、2人席、テーブル席、長テーブルなど、利用者のニーズに応えるような配置となっている。それぞれのテーブルと椅子はすべて薄い木目調の色で統一されており、向かいや隣との距離感もちょうど良く、窮屈な感じはしない。内装にこだわっているわけではないが、全体的に清潔で小ぎれいな印象をうける。

メニューは非常に豊富である。ジャンルごと、ほぼ毎日メニューが違うようなので、飽きることはないと思うし、栄養面でも偏りがうまれにくく、健康にも配慮されている。学生組織や団体とのコラボメニューもあり、すべてのメニューが500円以内で提供されている。人気のカツカレーの並盛りでも、大盛りに感じるほどボリュームがある。「味も具材の形がしっかりと残っていて、少し辛めでおいしかった」と法政大の学生も満足する。ただ、利便性では改善の余地があろう。支払い方法は、食券式がとられている。だが、食券機が2台しかない。食券を買うまで10分近く並ぶこともあるそうだ。

なお、市ケ谷、小金井、多摩の3キャンパスの学食で100円朝食を実施している。

中央大多摩キャンパスの食堂は4階建て8店舗ある。フロア面積、収容人数は早慶MARCHのなかで最大規模といえるだろう。すべての店舗の座席数の合計は3000席を超え、1日に1万人以上が来店する。1階「レストランコープ」は定食、丼、ラーメン、麺類がそろう。2階には「カフェテリア」「ベーカリー&カフェ・フラット」「喫茶テラス」がある。「喫茶テラス」のスパゲティは女子学生から評判が良い。3階は「芭巣亭」で定食、ラーメンなどが食べられる。4階の「和おん」にはさぬきどん、天ぷらそば、丼ものがある。「四季」には和定食がある。「日和」のメニューは管理栄養士によってカロリー計算されており、すし、海鮮丼など人気がある。

1階のレストランコープがもっとも賑わう。採光面で物足りなさはあるが、広々としたスペースなのでゆったり食事はできる。そして、ありがたいのはメニューが豊富であることだ。そば・うどんが6種類、ラーメン5種類、カレー4種類。鉄板料理は4種類でハンバーグ&コロッケ（410円）、ハンバーグ&唐揚げ（460円）、チキンソテー（460円）、鉄板焼き肉（490円）となっている。定期的にフェアを行っており、2016年度春は、しらす丼（380円）、とろかけチキンカツ丼（430円）、とろ玉キーマカレー（460円）、サルサチキン丼（460円）、豚マヨキムチ丼（490円）を用意した。これらはテイクアウトが可能なので、食堂内が混雑しても、キャンパスのベンチや芝、教室で食べられる。

味はおおむね評判が良い。多摩キャンパス40年の歴史が、学食のクオリティーを上げたといえよう。

第3章　早慶MARCHの学生の生態学

1　早慶MARCHの学生気質

早稲田は貧乏、慶應は金持ちって本当？

大学によって学生の特徴を分けることができるだろうか。かつて早稲田大、法政大、明治大、中央大には男子学生が多く、体育会が強いので硬派と見られ、バンカラと評されていた。一方、青山学院大、立教大はミッション系で女子学生が多く、おしゃれで華やかなイメージがもたれ、スマートという受け止められ方がなされた。慶應義塾大は青学、立教に近く、7校のなかでは「お坊ちゃん」「お嬢さん」と言われてしまう。いまでも政財界の2世3世が多いからだろう。

ここに、早慶を比べるにあたって興味深いデータがある。

＊自宅通学生のお小遣い（月額）

早稲田大　1万6600円
慶應義塾大　2万7209円（男）、2万6768円（女）
中央大　1万3500円

＊自宅外生の仕送り額（月額）
早稲田大　8万6170円
慶應義塾大　8万7155円（男）、10万1627円（女）
中央大　5万9800円

（「早大生の生活実態調査報告書」「慶應義塾大学学生生活実態調査報告」「中央大学学生生活実態調査」。いずれも2014年度）

お小遣いは自宅通学生、つまりおおかたの首都圏在住の学生について、早稲田大、中央大と慶應義塾大のあいだには1万円以上の差がついた。保護者の教育方針なのか、家族が高所得者層なのか、慶應のほうにお金持ちイメージがつきまとってしまう。

仕送り額では中央大と早稲田大、慶應義塾大のあいだで約2万7000円の差が生じている。これをもって中央大が低所得者層ということにはならない。都心と多摩の家賃の相場は2万円以上の開きがある。それが仕送りに反映されたとみるのが合理的であろう。

このようなデータから、「金持ち」ゆえの育ちの良さによる、学生の外見や雰囲気で、大学の特徴を見いだすことはできるだろうか。それはきわめて難しい。一度、キャンパスに足を踏み入れてみるとわかる。早慶ＭＡＲＣＨに大きな違いはほとんど見いだせない。極端な言い方をすれば、キャンパスで大学の看板を変えても、あまり違和感がない。お小遣いなど使えるお金が多くても、可処分所得が大であっても、それが学生の特徴に反映されているかどうかは疑問だ。

たとえば、学生気質については、早慶ＭＡＲＣＨの学生をこう特徴づける見方がある。明治大は元気がよい。青山学院大のおしゃれ。立教大はおとなしい。中央大は地味。法政大はちょっとださい――。

ださく、元気がよく、地味で、おとなしく、おしゃれな学生はどこにでもいるのに、なぜ、特定の大学を象徴するかのように評されるのか。もしかしたら、ロケーション、男女比、建学の精神などと関わってくるかもしれない。

『大学図鑑！』（ダイヤモンド社）という大学情報誌がある。学生評価誌といってもいい。フリーライターのオバタカズユキ氏の監修によるもので、１９９９年に刊行された。２０１５年で18年目となる。定点観測によって学生を捉えた資料としては貴重なものだ。長く続けられたことに大いに敬意を表したい。

同書には、さまざまな大学の学生の特徴が記されている。数人の学生を見てそう結論づけたところもあろうが、大学を測る目安にはなる。同書を参考にしながら、筆者独自のリサーチをからめて早慶MARCH学生の生態を探ってみよう（以下、〈〉は『大学図鑑！』からの引用したもの）。

学部によってカラーが違う早稲田、老成した雰囲気の慶應

●早稲田大
〈ミッション系大学のようなオシャレさんがたくさんいるし、「放任教育」の退潮とともに「学校」の勉強に励むものが増えた。ただし、実際にヒザを突き合わせてみた際の彼らのリアクションのよさ、自分の大学を語る言葉の滑りのよさには、今でも他大生にはないものがある。（略）大学の規模があまりに大きいために、友だちができない、いつも一人ぼっちの学生が少なからずいる、という負の側面が否めない〉

女子学生が増えたことによって、青山学院大、立教大などミッション系に通うような「オシャレさん」が増えたのは確かだ。第一志望での入学者が多く、自分が早稲田の学生

であることに対する肯定感は強い。その一方で、早稲田だから優秀であることはおくびにも出さず、むしろ、「どうしようもない奴が多い」と自虐的に語る学生も少なくない。ときにOBOGから示される「バンカラ観」がうざいが、うまくいなしているところに器用さがある。

早稲田という枠組みより、早稲田の~~学部で捉えたほうが、学生の特徴は出やすい。政治経済学部には誇り高き秀才がおり、キャリア官僚として、あるいは商社や銀行のエリートコースに乗って出世をめざす学生がいる。そつがなく優秀でまわりから好かれる。文学部はむかしの在野、アウトローな早稲田のイメージが残っている。作家や役者をめざす、という夢を追い求めるタイプがいまでも棲息しているのも大きな特徴だ。国際教養学部は他学部から見ると「宇宙人」っぽく映ることがある。3分の1が留学生、日本人の7割が帰国生なので、物怖じしないノリの良さは、学内随一である。同じ校舎の商学部の学生はついてこられず、引きっぱなしか、自己主張に目覚めてはじけてしまうか、何事もなかったようにマイペースを貫くか、である。

●慶應義塾大

〈全体的に社交的で、人当たりがいい。友だちの友だちも僕の親友といったオープンマインドで人脈づくりに励み、キャンパスライフを合理的に楽しんでいる。（略）三田キャンパス。こちらの学生は大人の立ち居振る舞いに長《た》けている。社会人何年目かのような敬語を使いこなし、就職活動中のスーツ姿もピシッとしている〉

早稲田に比べてクセのある学生は少ない。たしかに社会人と会話しているような礼儀正しさを感じるが、育ちの良さによるものか。事務処理能力に秀でているのは、いわゆる地頭の良さからだろうか。法、経済、商学部では銀行、商社、電気、機械などの一部上場企業を目指す学生が多い。そのために慶應に入ったというほどの勢いだ。一方で、起業を考えて、一攫千金を狙う学生もいる。在学中からビジネスに近づこうとする気運もあるので、およそ学生らしからぬ、しっかりした立ち居振る舞いができるのだろう。老成感は否めないが。一方、ＳＦＣは、三田や日吉とは違った文化が築かれていると言われる。指示待ちではなく、自ら物事を進めていくので、社会から重宝されやすい。半面、自己主張が強すぎ、まわりとの協調性が欠けて扱いづらいというマイナス評価をいただいてしまう。起業イメージがついてまわるが、アカデミズム、活字ではなく映像のジャーナリズムへの志向も強い。目立ちたがり屋といえばそれまでだが、目立たなければ独特な入試に通らなかっただろうし、SFCでは埋もれてしまうだろう。

親しみやすい明治大、ドライな青学、協調性のある立教

●明治大

〈元気の良さはまだまだ健在である。親しみやすく明るいのがウリで、そんな明治の男子学生は他大学の女子学生からも人気が高い。（略）「慶應の男子はナルシストばっかり。早稲田は自分を過大評価していて、すごく偉そう」（某女子大生）というのに対し、「自分たちのポジションをよくわかってるから盛り上げ上手」（某女子大生）な明大男子が高く評価されている〉

女子学生が増えたとはいえ、体育会的な元気の良さのイメージはまだまだ抱かれる。1990年代、経済誌での人事部長からの大学評価が掲載されることがあり、明治大は「営業に向いている」ではいつも上位だった。押しの強さ、明るさがプラスに作用したのだろう。「自分たちのポジション」については、早稲田大を落ちて明治大に入った。そのあたりの現実を受け止めながら、明治大の立ち位置を謙虚に示したのだろう。学生がこう記している。

「文学部心理社会学科教授の高良聖《たからきよし》さんによれば、『ワセダコンプレックスこそ明大生のエネルギーの源泉』であるという。受験生時代の早大に蹴られた苦い経験。その悔しさが明大生の『攻めの姿勢』を生み出すエネルギーとなる」（明大スポーツ　2011年10月）

悔しさをバネに、というのは、古典的な明大論である。だが、最近はそれほど悔しさを感じていないようだ。そもそも第一志望者がいまは多いし、入学すれば、第一志望校への憧憬を引きずるよりも、いまある環境に適応していく。そして、まじめに就職活動に取り組む。それが、いまの明治大生であろう。

●青山学院大

〈そこそこに学びそこそこに活気があって、とってもドライ。男子も女子も、オシャレ度はかなりのもの。偏差値コンプレックスといった泥臭い概念は持たない。（略）いくら青学だからといっても、みんながみんなチャラチャラしているわけではない。一見やる気に欠ける今どきの大学生に見えてしまうが、ゼミやサークル、就職活動など自分がやるべき場面では、きちんとやるようだ〉

多くの学生は、外からの見方＝チャラチャラ感に戸惑いを覚えている。自身がそう自覚していないからだ。しかし、チャラチャラ感から漂う明るさ、楽しさには満足度が高い。OBOGにミュージシャン、タレントが多く、現役学生にも読者モデルやテレビリポーターがいる。そんなエンターテインメント性には誇りを持つ。箱根駅伝優勝で母校愛、帰属意識は高まっているが、外に向けて青学を前面に打ち出すようなことはしない。控えめだ。それがマイナスと自己評価する意見があった。

「本学学生は大概にして他人と議論を交わすことに逃げ腰であるように感じる。しばし授業中に近隣の人とディスカッションせよとの指示が教授から出る。そんな時、学生は気乗りしない表情で集まったものの、気まずそうに無言のまま。だれかがやっと口火をきると、ディスカッションとは言いがたい弱火な話し合いが遠慮がちに交わされる」（青山学院大学新聞　2015年12月15日）

青山学院大に限ったことではないが、「とってもドライ」が、他者とのあいだで妙に冷めたやりとりを生んでしまうことがあるようだ。

●立教大

〈勉強も遊びもサークル活動もあくまでそこそこ。刺激や挑戦といった言葉が好きなタイプは少なく、六大学の中ではいちばんおとなしい学生気質。特に男子は。（略）スマートだが、慶應よりは野暮。人間関係はつかず離れずがモットー——というか、暗黙のマナーとなっている。何でも標準以上にそつなくこなすが、野心はそんなにない。（略）リーダーシップよりも協調性が重んじられる〉

おとなしい。立教大男子について自他ともに認めるところだ。覇気がないわけではないが、早稲田のような自意識過剰さ、明治大のようなイケイケのノリの良さは持ち合わせていない。やはり、ミッション系で女子が半分以上いることも影響しているようだ。

長い間、体育会が盛んでなかったことも大きい。1960年代までスポーツ推薦を行っており、バスケットボール、バレーボールで日本一を繰り返していた時代があった。しかし、スポーツ推薦がなくなってから、キャンパスに体育会系学生が存在しなくなり、それに呼応するかのように女子学生が増えたことで、男子学生がおとなしく見えるようになった。そして、実際、おとなしくなった。最近、スポーツ推薦が復活したので、おとなしいイメージを払拭したいと願うのは、シニア世代のOBである。

学生には普通でまじめという見方がついてまわる。ハメをはずして、学長が詫びるような不祥事を起こすようなことはあまりない。ツイッターで危ない写真を投稿するような非常識さは持ち合わせていない。一方で起業して一発あてようとするような学生もあまり見られない。

無難で手堅い中央、新学部が校風を変えている法政

●中央大
〈おとなしくてのんびりしている。キャンパス内全体で、時がゆっくり流れている感じ。早稲田や明治のようなバイタリティーも感じられないし、青学や立教のようにスマートでもない。地方の国立大学の学生っぽい。まじめで堅いとは外からも本人たちからもよく出てくる表現である〉

MARCHのなかでも地方出身者がもっとも多く、多様性に富んでいる。公務員試験、司法試験、公認会計士試験に対する取り組み、まじめさ、結束性の固さは他校の追随を許さない。キャンパスが都心から離れているゆえ、余計なことは考えなくて目標に集中できるからだろう。したがって、自己顕示欲、スマート、チャラさ、そこそこ、イケイケ感というような他校が評されるイメージはない。強いて言えば、無難で手堅いというところだろうか。

ロケーションからおしゃれ度は低いように見えるが、そんなことはない。男女ともに最先端ファッションを吸収しようとする意欲は強い。読者モデルになるような美女やイケメンもキャンパスを闊歩《かっぽ》する。

法、商、経済の3学部には同じような進路を考える学生が多くどうしても似たようなタイプが揃うが、総合政策学部はこれらとはやや異質でキャラが立つ学生が見られる。海外志向も強い。そして、女子が元気だ。

●法政大

〈市ケ谷の学生は今もそれなりにたくましい。多摩の学生は、華やかさには欠けるが、のんびりマイペース。小金井の学生はいまどきの若者とオタクの二極化。（略）「早稲田をはじめいろいろ落ちて、結局、ここしか入れなかった」という人が多い学部は、屈折から生まれるパワーを感じないでもない。（略）しかし、新しい学部の学生たちは、法政を結構おしゃれな学校と思って入ってきていたりする〉

15学部なので、学生気質を語りにくい。オタクは小金井（工学系）に限らず、他学部にも多く、マニアックな趣味に走る学生がサークルを立ち上げている。それが功を奏して将来の進路に役立たせている学生がいる。「屈折感」については明治大、中央大と微妙に異なる。いつまでも引きずらず、法政大で自分の立ち位置をすぐに見つけて、何かに没頭してしまうことだろう。それが過激な学生運動に走って、大学から出入り禁止という学生も出てくる。海外への留学派遣者数が多いので、広い視野をもっての自己主張、洗練された身のこなし方をする学生が現れた。それは硬派で体育会的なイメージが強調される、これまでの法政のイメージを変えたいと願う大学にとっては歓迎すべきことのようだ。

キャリアデザイン学部には自分を高めようとする学生が集まっているので、法、経済に比べるとバラエティーに富む。オタク的な物知りもいれば、いろいろなものに手を広げようとするチャレンジャーもいる。それゆえ、彼らが妙な「化学反応」を起こして盛り上がると、それはそれでなかなかおもしろい。グローバル教養学部は、法政のなかでエリート集団という自負を持つ学生がいるが、居心地はずいぶん良いらしい。

小学校から附属という世界

繰り返すが、早慶ＭＡＲＣＨの学生を特徴づけて比べるのは、きわめて主観的なものとなってしまう。印象評価は否めず、データに基づいた合理性があるのかと問われれば、厳しい。

それでも、学生の特徴の差異について、ほんの少しは合理的に説明できるテーマがある。附属、系列校の役割だ。とくに小学校のお受験で存在感を示す附属、系列校である。こんな話を聞いたことがある。附属出身者はハデで金遣いが半端ではない。ブランドものを身にまとい、高級外車を乗り回す。四つ星レストランで飲食する。親が持つ別荘に繰り出す。夏はヨットで冬はスノボで楽しむ。アルバイトをするわけでもない。親がとんでもない金持ちだからだ——。

大半はそんなことはない。偏見である。

だが、附属校、系列校に小学校から通っていたということであれば、とんでもない金持ちがいても不思議ではなくなってくる。中学校からの附属、系列校出身組とは、お金のかけ方がまったく違うからだ。

小学校から私立に通わせると、どのくらいかかるか。文部科学省「平成24年度子どもの学習費調査」によれば、年間142万2357円、6年間で853万4142円となっている。実際はもうすこし多い。30代のサラリーマンが自力で払うのは不可能だ。ちなみに、公立小学校は6年間で183万4842円。私立小学校という存在が、階層の違いを見せつけてくれる。

なるほど、ずっと私立で育ってそのまま大学生になれば、彼らは贅沢な生活をしているというイメージを持たれる。贅沢は志向性の問題なので、そこに関心を示さない私立小中高出身者もいるが、それでも育ちの良さは感じてしまうものだ。

早慶MARCHにはすべて附属、系列校などのグループ校がある。小学校から附属があるのは早稲田大、慶應義塾大、青山学院大、立教大の4校である。このうち、早稲田大学系属早稲田実業学校初等部は2002年の開校であり、2016年に1期生が初めて早大生になったために、評価が定まらず、ここでは除く。

このうち、慶應義塾幼稚舎、青山学院初等部は小学校の「お受験」において、人気がかなり高い。ブランド力は十分だ。青学へは財界の高所得者層、芸能人が子弟子女を入れたがる傾向がある。有名な女優の子どもが青学初等部に通っており、いじめに加わったという話が週刊誌ネタで広がる。それぐらい注目される。

慶應の幼稚舎は私立小学校受験ではもっとも難しいと言われる。むかしもいまも財界、政治家の子弟が通っており、現役、そして将来の2世社長や2世議員がたくさんいる。大学そのものが私立のなかで最難関であり、ブランド力があるからだ。子どもを慶應義塾大に行かせたいと望む親にすれば、その附属、系列校はたいへん魅力的である。

だが、青学だの、慶應だの、小学校でお受験ということは話題にはなるが、とても一般的とは言えない。6年間私立に通わせる経済力もそうだが、独自の教育観を持っていないと、子どもを小学校から私立に通わせるという発想が浮かんでこないからだ(子どもが私立小を望むことはほとんどない。小学校受験はほぼ100%、親の意向である)。

小学校受験を考える親の独自な教育観とは、たとえば、公立はさまざまな階層の子どもが通う。それを避けるために私立小に通わせるという親がいる。

小学校からエスカレーターで上がってきた大学生は独特な雰囲気を持っている。大学入学後も仲間内で群れたがり、自分たちとは違う世界の人と交わろうとしない。彼ら高所得者層子弟子女グループとして、いわば「ハイソサエティー」な階層を形成している。彼らはホンネのところで「貧乏学生とは行動をともにしない」という意識がある——。これもやはり偏見だが、慶應、青学にそれがあてはまるような事例があるようだ。

キャンパスでは一部のこうした「ハイソサエティー」なイメージが際立ってしまうと、大学生全体がそのようなカラーで見られてしまう。慶應、青学の多数派にすれば悲喜劇であろうか。もっとも、それによって地方の高校生が「わたしは、この大学に合うのだろうか」と思いをめぐらせ、大学選びに影響を及ぼすということはない。適応性で悩むのは、入学してからの話だ。

2 女子学生のおしゃれ度

青学の強みは附属、ミッション系、ロケーション

これほどおもしろいランキングはない。

「女性ファッション誌読者モデル登場ランキング」である（以下、「読者モデルランキング」）。大学の歴史、伝統、難易度、規模、学生数、ロケーション、資格試験合格者、就職実績とは、まったく次元の異なる世界で早慶ＭＡＲＣＨを眺めることができるからだ。

『大学ランキング』（朝日新聞出版）では、１９９７年から２０１５年まで、女性ファッション誌の大学別読者モデルランキングを掲載している（途中で未調査の年がある）。対象と

図表3－1　読者モデルランキング

1997年

	大学	人
1	青山学院大	159
2	慶應義塾大	151
3	立教大	104
4	早稲田大	81
5	法政大	20
6	明治大	17
7	中央大	11

2005年

	大学	人
1	青山学院大	795
2	立教大	495
3	早稲田大	402
4	慶應義塾大	326
5	中央大	88
6	明治大	58
7	法政大	54

2010年

	大学	人
1	青山学院大	178
2	中央大	162
3	立教大	160
4	早稲田大	150
5	慶應義塾大	97
6	明治大	42
7	法政大	32

2015年

	大学	人
1	早稲田大	119
2	青山学院大	117
3	立教大	85
4	明治大	63
5	慶應義塾大	44
6	中央大	32
6	法政大	32

「大学ランキング」各年版から

なった女性ファッション誌は、『ＪＪ』（光文社）、『CanCam』(小学館)、『ViVi』(講談社)、『Ray』（主婦の友社）である。この4誌にたくさんの読者モデルが登場しており、大学生は少なくない。写真のキャプションに氏名、大学名が書かれている。これを一つひとつ数えて集計して、読者モデルランキングが作られる（図表3－1）。

　1990年代半ばから2010年ごろまで、青山学院大と慶應義塾大が競い合っており、ときおり立教大がからんでくるという図式が続いた。

１９９０年代半ばといえば、バブル崩壊で世の中、景気は悪かったが、女性ファッション誌の記事はまだ元気だった。夢を与えるかのように「ヴィトン特集」「シャネル特集」が誌面を賑わしてくる。シャネルのバッグ、財布は10万円を軽く超える。普通の大学生がお小遣いで買えるものではない。だが、青学、慶應の女子学生たちはシャネルのバッグや小物をいくつか身につけて、読者モデルとして登場していた。なるほど、彼女たちが高所得者層の子女であることが容易に想像できる。ときおり、青学の女子学生が４人ぐらいのグループで登場し、「私たち、初等部からずっと一緒で仲良しです」と紹介されている。小学校から大学まですべて私立に通わせるだけあって、お金のかけ方には恐ろしく余裕がある。

また、附属、系列校の特性が読者モデルに生かされている。青山学院高等部は青山キャンパスにある。したがって、高等部の女子高生たちは、毎日、青山学院大の女子学生のファッションを観察できる。慶應義塾女子高校は慶應義塾大三田キャンパスに隣接しており、やはり、慶應義塾大の女子学生がどう着飾っているかを観察できる。先輩、後輩の絆も強いので、おしゃれのセンスも高まっている。おまけにロケーションがいい。両校とも渋谷、表参道、原宿が近く、新宿にもアクセスが良い。買い物に事欠かない環境である。当時は文系学部の1、2年生が厚木、相模原キャンパスに通っており青山は不在にしていたが、そんなことは関係なかった。3、4年生がおしゃれに気合いを入れていたのである。青学、慶應がトップを競うのは、大いに頷《うなず》ける。

立教大はどうだろうか。青学、慶應に次ぐ3番手をキープしているが、ときおり2位となる。おしゃれ女子学生の供給元となる附属、系列校などグループはキャンパスから離れている。池袋はおしゃれな街に変貌したが、表参道、新宿にはかなわない。それでも読者モデルが多く輩出した。

これにはいくつかの理由が考えられる。まず、女子学生の自宅通学率が高いことが挙げられよう。立教大の女子学生は首都圏出身が多い。自宅なので住居、食事代がかからず、お小遣いでやりくりできるので、地方出身者より可処分所得が高い。ミッション系大学なので、首都圏のミッション系中高一貫校からの進学者が多く、高所得者層の子女も少なからず見られる。つまり、おしゃれにかける金が多くなるわけだ。キャンパスにチャペルがあるといったミッション系の雰囲気も女子には惹かれるものがある。立教大の女子学生＝首都圏出身＝高所得者層子女＝ミッション系への憧憬が、読者モデルの数を増やしたといえる。

全国区の中央大からカリスマモデル誕生

こうなると読者モデルの世界では、早稲田大、明治大、法政大、中央大が劣勢に立たされてしまうのか。キャンパス内または隣接地に附属で女子が通える高校がない。ファッションの中心とは言いがたいロケーションにある。地方出身者の女子学生が見られる。ミッション系ではないからだ。

そんなことはない。まず、早稲田大は2000年以降、読者モデルを増やしてきた。その年によって落ち込むことはあるが、青学、慶應、立教というベストスリーの牙城を崩している。

大きな理由がある。女子学生が増えたからだ。1997年から2015年までの女子学生数の推移は次のとおり。

早稲田大（9399人→1万5710人）、明治大（5381人→1万226人）、中央大（7019人→8878人）、法政大（5770人→9716人）。

早稲田大は18年間で6000人も女子を増やしている。もともと女子比率が2割台だった大学が、3割を超えるようになった。これだけ母数が増えれば、読者モデルもたくさん出てくるだろう。

だが、この理屈で言えば、中央大が説明できない。他校ほど女子は増えていないのに、2010年以降、中央大は読者モデル200人近くになっている。多摩キャンパスなので、渋谷や新宿のようにスカウトによる勧誘で読者モデルになる機会も少なかろう。なぜ中央大は上位に、という疑問が起こる。2000年前後は1ケタで最下位だったのに。

これにもいくつか理由はある。中央大は地方出身女子が多い。首都圏に出てきて自己表現の場として読者モデルに応募する学生が出てきた。また、2010年には同大学にカリスマモデルがいたことで、上位に食い込んだ。1人で毎月のように、しかも数誌に登場する学生によるものだった。

もう一つ大きな理由がある。中央大の附属校の一つ、中央大学附属高校が私服通学できることだ。自由におしゃれのセンスを磨いていた生徒がいる。青学も慶應も附属校には制服がある。高校時代、ここまでおしゃれを自由に謳歌できなかったはず。中央大学附属高校出身の経済学部2年女子が話す。

「服装は自由でしたが、女子高生らしいスタイルで通学していました。また、高校時代か

らメーク上手な子が多いのも特徴です」（『JJ』2013年12月号）

さらにいえば、ファッション誌の編集方針が変わったことも大きい。2005年ごろから、1990年代のような、バブルの残り火と言えるような「ヴィトン」「シャネル」を特集しなくなった。高級ブランドは影を潜め、カジュアルなものが取り上げられるようになった。これによって、高所得者層子女でなくても、ヴィトンやシャネルを持っていなくても、読者モデルとして登場できるようになった。私立小学校からの青学、慶應だけでなく、地方の公立高校出身の中央大の女子学生が誌面を賑わすようになった。法政大にも中央大に通じるところがある。

女子大生のファッション誌の編集方針の変化は、大学生のおしゃれ意識が脱ブランド化したこと、加えてカジュアルファッションの人気にあると思われる。GUやユニクロ、FOREVER21のようなショップに求めるようになった。ヴィトンやシャネルといった高級ブランドは今の女子大生に受けなくなったのだ。

こうしたことによって、いま、読者モデルは高所得者層子女が多かった青学、慶應の時代ではなくなったともいえる。

ここ数年、慶應義塾大がふるわない。その理由を慶應義塾大女子学生はこう話す。「読者モデルで自分を表現するより、キャリアを積むために勉強するほうを選んでいます」

一方、明治大は女子学生が年々、増えているのに読者モデルは不調である。ロケーションも悪くない。どうしてだろうか。

明治大の女子学生に聞いてみた。

「読者モデルになれる女子学生が少ない、ということではない。美女、かわいい子はたくさんいます。ごく最近でも井上真央、北川景子、山本美月がOGですから。在学生は読者モデルに興味がない、ということでしょう」

ある年で、中央大、法政大、早稲田大の読者モデルが多かったのは、偶然性によるものと言える。その年に読者モデルになる女子がたまたま集まっただけ、という話だ。それを示すかのように、3大学は読者モデル数の乱高下が激しい。明治大はたまたま読者モデルにならなかっただけで、おしゃれな女子学生はたくさんいる。駿河台、和泉、中野、生田に足を運べばわかることだ。

読者モデル数のトップが早稲田なのは国際教養学部のおかげ?

読者モデル輩出数トップとなった早稲田。かつては、地味で垢抜けず、もてない女の代名詞のように言われていた「ワセ女」はどうなっているのか。文系学部がある本部キャンパスにリサーチに赴いてみた。驚くのは女子学生の多さである。女子率の高い文学部、文化構想学部がある戸山キャンパスが近いためか、キャンパスの雰囲気も一昔前から考えると、信じられないくらいの数の女子学生が校内を歩いている。しかも華やかでおしゃれな雰囲気だ。一見、慶應や青学の女子学生との違いは感じられない。

現役の早大生女子に聞いてみた。

「洋服はカジュアル系が好き。アースミュージック&エコロジーやGUなどで買います。ファッションに使うお金は月に5000~6000円。ファッション雑誌を買うより、インスタグラムで着こなしの参考になるコーディネートを探すことが多い」（文学部4年・Aさん、神奈川県立高校出身）

「洋服を買うのは、大学に近い新宿ルミネのアナザーエディションとか。ZOZOTOWNやスタイルクルーズみたいなウェブサイトを利用することもあります」（社会科学部3年・Bさん、東京都私立女子高校出身）

読者モデルが一番多い大学になったことについてどう思うかとたずねてみると、

「読者モデルの子がチラホラいるのは知っているし、気になる存在ではあるけど、一番多いっていうのはちょっとびっくり。あまりおしゃれしなくても平気な学校だと思っているので。基本、みんなマイペースだし」（前出・Aさん）
「おしゃれな大学っていうのは少し違う気が……。でも、国教（国際教養学部）は帰国子女も多くて目立つ子が多い。読モ（読者モデル）は国教に多いんじゃないかな」（前出・Bさん）
実はこれの裏付けになるような記事が『ＪＪ』に掲載されたことがある。同誌は、２０１３年１月号から２０１４年10月号に「ＪＪ大学案内」を連載した。20校掲載されており、早慶ＭＡＲＣＨ（法政大を除く）のほかに、学習院大、上智大、成蹊大、成城大などが登場する。
同誌の２０１４年３月号に「これが噂の外資系キャンパスＬＩＦＥ」という記事が特集された。『ＪＪ』は外資系キャンパスをこう定義する。「海外の高校やインター出身の９月入学生をはじめとする帰国子女や日系人、外国人留学生など、インターナショナルな背景を持つコの割合が高いキャンパス」
記事には早稲田大国際教養学部（ＳＩＬＳ＝School of International Liberal Studies　シルスと呼ぶ）の４人の学生が登場し、こう紹介されている。「父が日系オーストラリア人なので」（4年女）。「両親の仕事の都合で16年間LAで過ごしました」（3年男）。「小2から中1まで現地のインターナショナルスクールで過ごした」（2年男）。「8歳までカリフォルニアで育ち、高校3年生の時に1年間ボストンに留学」（1年女）。3人は、氏名に外国人の名前と思われるカタカナネームが入っており、両親もしくはどちらかの親が外国人であることがうかがえる。

このうち1人は、『JJ』に毎号登場するカリスマモデルで、いまはモデル、タレントとして活躍するニコルさんだ（登場時は2年生）。彼女はこう語っていた。

「SILSは男の子も女の子も外資系コスパブランドを上手に使っているから参考になります」（2014年4月号）

外資系コスパブランドとは、ZARA、ラルフローレンなどを指す。

従来の早稲田大イメージをすっかり変えてしまったようだ。同誌で紹介された他の大学の記事も引用する。

慶應義塾大は三田と湘南藤沢で2回に分けて掲載されている。三田編では、「慶應はキャンパス内カップル率が高くて有名」と銘打たれた記事で3組の男女が紹介されている。経済学部1年の話。

「エッジの利いたビッグニットにレザーショーパンを合わせて辛口カジュアルに。ボトムはコンパクトにまとめてスタイルアップを意識するのが私の定番です」（2013年1月号）。彼女は彼氏と手をつないでキャンパスを歩く姿を写真で公開し、「今度、近場の温泉に行く予定」と堂々と宣言した。

明治大は和泉、駿河台キャンパスがロケ地。人気のブランドはスナイデル、リリーブラウン、ココディールとある。文学部3年の女子はこう話す。

「可愛いだけじゃなくて、引き算ファッションを楽しむようになりました。Languageの花柄ショーパンやスニーカーでトレンドを演出。フリフリした可愛いお洋服が大好きでした。一生懸命おしゃれしようとして、頭からつま先まで気合が入りすぎたかも」（2013年7月号）

読者モデルランキングで下位になる年が多い明治大が嘘のような気合の入れようである。

青山学院大は文学部英米文学科と総合文化政策学部が華やか、とくに、英文は名実ともに青学のアイドル集団、と紹介されている。また、青学は社会人の彼氏率が高く、スーツの彼の隣にいてもお似合いな大人っぽいシンプルスタイルが得意だそうだ。その1人、国際政治経済学部3年女子の話。

「学校帰りにカレとデートの日はカジュアル度を控えめに。ファビュラスのコートできれいにまとめます。付き合ってすぐにプレゼントされたルイ・ヴィトンのブレスレット。突然だったのでびっくりしました（笑）」（2013年2月号）

立教大には100年以上前に建てられた赤レンガの校舎がそびえる。こうしたクラシカルな雰囲気にあこがれて入学した女子がいる。『JJ』は「ドラマみたいなリア充ライフを送れると評判」と伝えている。好まれるブランドは、MERCURYDUO、スナイデルなどで、ガーリースタイルが人気の定番だそうだ。そして。「可愛いコ」が多い学部は社会学部だという。同学部2年女子が話す。

「『FOREVER21』のスキニーデニムもラフすぎるカジュアルにはしたくないので、白トップスを合わせて上品に着こなすのがこだわりです」（2013年10月号）

中央大キャンパスは広い。最寄り駅から坂をのぼる。となれば、ヒールを履いて通学はできない。文学部2年女子がおしゃれ観と合わせてこう話す。

「キャンパス内はフラットシューズが欠かせないので、ヒール、フラットどちらを合わせてもかわいいコーデが鉄板です。スナイデルのワンピもカジュアル感のあるTOPSHOPのGジャンを合わせれば、ガーリーだけど甘過ぎないコーデに。パンプスはR&Eです」

3　スポーツが強い

大学選手権優勝が多いのが早稲田大、法政大

学生、OBOG、教職員に愛校心、帰属意識がもっとも高まるのは、自分が所属する、あるいは関係する大学がスポーツで好成績を収めたときである。多くの大学で人気があるラグビー、野球、サッカー、駅伝を強化したいと考えている。メディアから注目され、大学全体が盛り上がって、士気が高まる。志願者増に結びつくものではないが、広く認知されるという意味で宣伝効果が大きい。これは1980～1990年代のラグビーの大東文化大と関東学院大、駅伝の山梨学院大を思い起こせば、わかりやすい。

早慶MARCHは教育、課外活動でスポーツに力を入れている。資格外活動、つまり、部活動は100年以上前からスポーツで盛り上がっていた。前述したように、野球の早慶

戦が始まったのは、1903（明治36）年のことだ。少し遅れるが、ラグビー、サッカー、駅伝が行われたのは1920年代（大正時代）である（サッカーは天皇杯で大学が参加）。このころから、大学はスポーツを強化するために推薦入学を行っている。

教育、つまり学部、学科でスポーツを学問的に捉える組織が作られたのは最近のことである。早慶MARCHのなかで、最初にスポーツ系の学部、学科を作り、アスリートを受け入れたのは早稲田大である。1987年、人間科学部スポーツ科学科を設置した。2006年、同学科はスポーツ科学部に「昇格」する。1996年には、立教大がコミュニティ福祉学部スポーツウエルネス学科を、2009年には、法政大がスポーツ健康学部を設置した。

部活動に話を戻す。早慶MARCHすべてスポーツで好成績を上げた高校生を評価する入試を行っている。スポーツ推薦、AO入試である。大学にブランド力があるので、全国から各種目で高校生のトップクラスが7校に集まった。その成果は大学選手権の結果に如実に示されている。

2015年度の競技で早慶MARCHがベスト4に登場する種目をまとめてみた。大学選手権のおもな種目の上位成績は次のとおり。

（1）早稲田大
＊優勝　野球、サッカー（女）、テニス（男・女）、ボート（女）、少林寺拳法（男）
＊ベスト4　駅伝、バレーボール（男）、ハンドボール（男）、バドミントン（女）、卓球（男）、フェンシング（男・女）、ボート（男）、レスリング（男）、少林寺拳法（女）、グライダー、水球
（2）慶應義塾大
＊優勝　アーチェリー（男）、グライダー
＊ベスト4　テニス（男・女）、カヌー（女）
（3）明治大
＊優勝　弓道（男）、水泳（男）、ライフル射撃（男）、ラクロス（女）
＊ベスト4　ラグビー、サッカー（男）、アイスホッケー、バドミントン（女）、卓球（男）、柔道（女）、ボート（男・女）
（4）青山学院大
＊優勝　なし
＊ベスト4　駅伝、バレーボール（女）、グライダー

(5) 立教大
＊優勝、ベスト4以内　なし
(6) 中央大
＊優勝　バレーボール(男)、ライフル射撃(男)
＊ベスト4　卓球(男)、アイスホッケー、バドミントン(男)、剣道(男)、フェンシング(男)
(7) 法政大
＊優勝　バドミントン(男)、フェンシング(男)
＊ベスト4　弓道(男)、アイススケート(男)、フェンシング(女)、剣道(女)

早稲田大は7校のなかでスポーツ推薦にもっとも力を入れている。なかでも「トップアスリート入試」はハードルが高い。出願資格は「出願時点でオリンピックや世界選手権などの国際的レベルの競技大会への出場経験、もしくはそれに相当するレベルの競技能力を有する」となっている。2016年度の入学者には、レスリングのユースオリンピック優勝者、シンクロナイズド・スイミングFINA世界ジュニア選手権1位、全日本新体操選手権大会個人総合1位がいる。2015年度入学者には、高校時代に競泳でロンドン・オリンピック出場の渡部香生子《かなこ》さんがいる。彼女はリオデジャネイロ・オリンピック出場が決まっている。ほかに競泳でオリンピックに坂井聖人《まさと》さん、渡辺一平さんの出場が決まった。

早稲田大には、ほかに「スポーツ推薦入学制度」がある。2016年度は80人入学した。やはり高校生のトップアスリートがずらりと並んでいる。

なるほど、全国大学選手権で圧倒的な強さを示している。だが、スポーツ科学部教員からこんな声が聞かれた。

「最近、ラグビーで優れた身体能力を持つ高校生が早稲田より筑波大、帝京大を選んでいます。筑波大は国立で学費が安い、上下関係が厳しくなさそう、就職が良さそう、というのがその理由です。帝京大は強い、自分を鍛えてくれそう、世界を狙えるから、だそうです。危機感を持っています」

慶應は附属校出身からアスリートが輩出

慶應義塾大にはスポーツ推薦制度はない。だが、スポーツでの成績を評価する制度がある。AO入試だ。出願資格に「学術・文化・芸術・スポーツなどさまざまな分野において、研究、創作発表、コンクール、競技などの活動を通し、社会的に評価を得ている」とある。

これを受けて環境情報学部長がこう記している。

「テーマを持っている人やスポーツ、芸術などさまざまな分野で活躍している人は、是非、本学に来て、さらに大きく伸びていただきたいです」

野球部、ラグビー部の部員などには高校時代に全国大会出場経験者がおり、AO入試による入学者が見られる。他種目にもいる。

環境情報学部学生の棟朝銀河《むねともぎんが》さんはトランポリンでリオデジャネイロ・オリンピックに出場する。彼が通っていた予備校の早稲田塾が、「慶應義塾SFCにAO入試を経て進んだ」と告知している。トランポリン競技での社会的な評価が認められ、さらに、その技能を大きく伸ばしたということだろう。環境情報学部からもう1人、セーリングで土居愛実《まなみ》さんが出場する。

附属校の存在も大きい。各種目には、慶應義塾高校、慶應義塾志木高校、慶應義塾女子高校の出身が多い。サッカー日本代表の武藤嘉紀《よしのり》さん（ドイツ、マインツに所属）、野球では2015年に巨人からドラフト5位指名を受けた山本泰寛さんが、慶應義塾高校出身だ。

2015年、アーチェリー男子は36年ぶりの優勝を果たした。正式名称は「慶應義塾體育會洋弓部」。

明治大はスポーツ推薦で全国高校選手権上位成績のスターたちがたくさん入ってくる。たとえば、硬式野球部は2016年度スポーツ推薦入学者15人のうち13人は甲子園（夏、春）の出場経験者だ。『明大スポーツ』は、16年度のスポーツ有望選手を次のように紹介する。

＊サッカー：中村健人《けんと》さん（東福岡高校）「夏冬2冠率いた主将　両足操る変幻自在の魔術師」

＊ラグビー：石井洋介さん（桐蔭学園高校）「花園沸かせた猛獣　身を殺してボールを生かす」

＊野球：森下暢仁《まさと》さん（大分商業高校）「U－18日本代表　MAX148キロ右腕　プロか大学考え抜いた決意の進学」

一方、メンバーでスポーツ推薦入学が皆無ながら、日本一になった種目がある。女子ラクロスだ。競技人口が少ないため、「大学デビュー」がほとんどだが、ラクロス経験者が多い慶應義塾大、立教大（附属校、出身校にラクロス部があるため）をものともしない。なお、明治大女子ラクロス部は体育会ではない。体育同好会連合に所属しており、予算に恵まれず、部室、専用グラウンドがない。それでも強豪チームとなったのは、部員同士の仲が良く、積極的に意見を出し合って練習メニュー、試合戦術を考えているからだという。

明治大はスポーツ強化の一環として、スポーツ科学部を設置する構想があった。しかし、取りやめとなり、さまざまな種目で古豪復活を願う体育会ＯＢＯＧをがっかりさせた。

「当初予期していなかった工事費の著しい高騰、竣工引渡時期の未定（教育計画の策定不能）及び自然環境保全の見地から、大幅な計画変更の必要に迫られ、現時点において、当初予定していた目的が達成できないと判断いたしました」（大学発表、２０１３年11月）

リオデジャネイロ・オリンピックには卓球で丹羽孝希《こうき》さんが出場する。

青山学院大は駅伝ばかりが強いわけではない。バスケットボール男子はかなりの強豪チームである。２０００年以降、２０１５年までの16年間で優勝4回、準優勝2回、ベスト4は6回という成績を収めている。練習はたいへんハードであり、とくに基礎を重視しているのが大きな特徴だ。バレーボール女子も強い。２００５年から２０１５年までの11年間で優勝3回、準優勝1回という成績だ。

野球部は東都大学リーグに属している。亜細亜大、東洋大、駒澤大など強豪が多く、

「戦国東都」と言われ、常に二部リーグに落ちてしまう緊張感がある。2005年から2016年の12年間（年に2回＝春、夏に開催）で、優勝3回、準優勝5回を数える。2015年は二部リーグでの戦いを強いられたが、同年のプロ野球ドラフト会議で吉田正尚さん（敦賀気比高校）がオリックスから1位で指名、入団した。

青山学院大はスポーツ推薦入学制度によって、各種目で全国高校選手権上位校から逸材が集まってくるので、前記のような好成績を収める。ラグビーにも花園経験者が集まっており、所属する対抗戦グループAでは、伝統校（早慶明）、帝京大、筑波大に次ぐ。だが、帝京大とは100点差で負けてしまうので、力の差を埋めるのにはもう少し時間がかかりそうだ。

2016年度入学の有望選手について、『青山スポーツ』がこう紹介する。

＊バスケットボール：納見悠仁さん（明成高校）「全国高校選抜優勝大会三連覇を達成。U－18で日本代表経験を持つ」

＊レスリング部：加賀田葵夏《きか》さん（文化学園大学杉並高校）「アジア・ジュニア選手権で優勝、全日本高校選手権で2連覇」

立教は推薦入学復活で大学スポーツ復権を狙う

立教大は1950年代～1960年代半ば、大学スポーツの雄だった。とくに1960年前後は早慶を凌駕していたといっていい。このころ、大学日本一になった種目は次のとおり（すべて男子）。

1953年　サッカー、バレーボール、野球
1957年　バレーボール、バドミントン、野球
1958年　バスケットボール、バドミントン、野球
1961年　バスケットボール、バレーボール、バドミントン
1962年　サッカー、バスケットボール
1963年　ハンドボール、バドミントン

これは、「体育会推薦入学制度」によって、全国各地から優れた選手が集まったことによる。バスケットボールは1950年から1962年まで優勝5回、準優勝1回、ベスト4は4回となっている。野球は1953年、57年、58年に優勝しており、東京六大学リーグでも優勝の常連校だった。長嶋茂雄さんが活躍した時代だ。ハンドボール男子は196

3年、67年に優勝。バドミントンは１９５３年から63年までに9回優勝しており、このうち7連覇というのがある。バレーボールは１９５３年から62年まで優勝3回を誇る。

ところが、立教大では大学選手権ではなかなか結果を出すことはできない。その理由は、長い間、スポーツ推薦を行ってこなかったことによる。１９７０年、体育会推薦入学制度を廃止したことによって、各種目で成績は伸び悩んだのである。相撲も映画のストーリーのようにむかしの名門校は精彩を欠いていた時期が長い。１９８２年の卒業生を最後に正部員がゼロの時代が約12年続いていた。

立教大生およびＯＢＯＧは、他の6大学からスポーツで取り残された感があり、さびしい思いをしたという。だが、いまは潮目が変わろうとしている。

２００８年度、アスリート推薦入試を導入して、全国から各種目でトップクラスの選手が入るようになった。それ以前から行っていた自由選抜入試で、スポーツで秀でた高校生が集まってきたが、これでほかの6校と引けを取らない陣営を揃えることができる。

たとえば、野球部主将の澤田《さわだ》圭佑《けいすけ》さんは大阪桐蔭高校出身。阪神タイガースの藤浪晋太郎投手の控えだったが、甲子園で勝ち投手になったことがある逸材だ。２０１６年のドラフト候補でもある。野球は少し優勝から遠ざかっているが、甲子園メンバーが揃っており、古豪復活も近い。

ラグビーはどうか。いま、その実力は青山学院大、日本体育大と同じぐらいだ。伝統校、帝京、筑波の壁は高いが、チャンスはある。ラグビー部の山本大旗《だいき》さんは國學院大学久我山高校出身で花園経験者である。こう呼びかけている。

「花園出場校出身の選手から無名校の選手、またフレッシュマンであっても誰にでも試合に出るチャンスはあります。『勝利』に貪欲に、目標に向かって努力を継続出来る選手の入部を楽しみにしています」（ラグビー部ウェブサイト）

勧誘に熱心な中央大

いま、中央大でもっとも強い種目は、大学選手権優勝を果たしたバレーボール部男子、アイスホッケーである。

バレーボールは2年連続、通算14回目の全国制覇だ。バレーボールがもともと強く、1965年から5連覇したことがある。2015年は春季、秋季のリーグ戦に優勝、大学選手権と合わせて3冠となった。中央大の中心選手の石川祐希さん（3年）は全日本代表メンバーであり、イタリアのプロリーグで活躍したことがある。

石川さんの出身は愛知県の星城高校。2年連続3冠（インターハイ、国体、春高バレー）を達成したときのエースだった。この活躍に、松永理生《りお》監督は石川さんの獲得に向けて動いた。こうふり返っている。

「彼が2年のときからチームは公式戦99戦99勝。スーパースターが中大に入れば名門復活はなると信じていました。高校の監督には石川君がどうしているか、いつも聞いていました。接触はできない。彼の歩く道に立って顔だけ、にゅーっと出している。『あのひと、誰？』と思ってもらえばいい。3年生になって初めて会うことが許された。『やっと会えたね』と言うと、石川がニカッと笑いました」（ウェブサイト「CHUO ONLINE」2015年8月13日）

その後、松永監督は石川さんに中央大バレーボール部のビジョンを熱く語った。データ、映像などを駆使してアピールを続けたその甲斐あって、石川さんから「会いたい」と言ってくるようになり、松永監督は「来たっ」とばかりに、トレーニング方法など今後のプランを語った。

アイスホッケーは2015年に初めて3冠（春の関東選手権、秋のリーグ戦、大学選手権）をとった。主力選手は駒大苫小牧高校、苫小牧東高校など北海道の強豪校出身が多い。

前年、3冠だった明治大への雪辱を果たした。

野球、バスケットボールも強い。だが、大学選手権優勝はいずれも1979年が最後となった。バスケットボールは何度かベスト4に残るものの、日本一に届かない。2016年に有望な新人の足立翔さん、三上侑希さんが入学する。2人は前述の高校日本一の明成高校出身で、期待が高まっている。

リオデジャネイロ・オリンピックには、陸上競技短距離の谷口耕太郎さん（商学部3年）が出場する。

法政大はスポーツ推薦入試が充実

法政大といえば、野球の強さが印象に残る。記録を見ると、全日本大学選手権に8回、東京六大学リーグに44回、優勝している。なお、早慶MARCHの他校は、全日本で早稲田大と明治大が5回、慶應義塾大と立教大が3回の優勝となっている。東京六大学を制覇したのは早稲田大45回、明治大37回、慶應義塾大34回、立教大12回である。これらから、法政大は日本でいちばん野球が強いといえる。

法政大はスポーツ推薦入試がもっとも充実している。大きく分けて3種類ある。①学部が限定されない「スポーツに優れた者の特別推薦入試」、②スポーツ健康学部の「自己推薦特別入試（アスリート系）」、③スポーツ健康学部の「トップアスリート入試」。

「スポーツに優れた者の特別推薦入試」では、各部が高校側にたとえば、こんな呼びかけを行っている。

「各高校ヨット部顧問　各位 高校生の皆さんへ
今年度のヨット部推薦枠とスポーツ推薦日程が決定致しました。スポーツ推薦枠3名に関しては8月中旬までに選抜致します。大学への進学とヨット競技の継続を目指している生徒部員の推薦の程、よろしくお願いいたします」

スポーツ健康学部はアスリート養成を意識している。大学の入学案内でこんな質疑応答が掲載されている。

「Q：将来プロ選手を目指しているが、スポーツ健康学部へ入学するメリットは何でしょう。

スポーツを専門的に科学的に学ぶことができ、自らの体を知ることができる。これによりプロ選手として必要なケガをしない体づくりができます。プロとして生きていくための必要な知識も専門科目を通じて学ぶことができるので、他の学部へ進学するのとは比較にならないほどメリットがあると思います」

同大学のウェブサイトには、同学部の学生の活躍が記されている。日本一になったのは、以下のとおり。

「河野みなみさんが日本選手権水泳競技大会シンクロナイズド・スイミング競技日本選手権（国内）デュエットで優勝しました!!」

「新井真季子さんが第89回全日本学生スキー選手権大会で女子回転・大回転の2種目を制覇しました！」

「西垣佳哉さん、大瀬戸一馬さん、矢野琢斗さんが第99回日本陸上競技選手権大会リレー競技男子4×100mで優勝しました！（大会新記録）」

スポーツ健康学部には陸上競技部の学生がたくさんいる。だが、野球、サッカー、ラグビーの学生はそれほど多くはない。

リオデジャネイロ・オリンピックには、競泳女子800メートルリレーで青木智美さん（社会学部4年）が出場する。

第4章　早慶MARCHの教員の群像

1　学術賞、文化賞を受賞した俊才たち

慶應の小熊英二さんは四つ受賞

大学教員の学問業績を測るのはむずかしい。

自然科学系分野であれば、「ネイチャー」「サイエンス」など権威ある科学誌への論文掲載、論文の引用度数、ノーベル賞や数学のフィールズ賞のような国際的に評価が高い賞の受賞などによって、大学教員の研究水準を知ることができる。また、巨額の研究費を受けることで、これまでの評価、これからの期待がわかる。

だが、人文社会系ではこうしたモノサシが少ない。国際的な評価にさらされることがない分野、たとえば、日本の法律、社会、歴史、文学などを扱った論文は、たいていは国内でしかジャッジされない。それでも、個々の学会のなかでは、＊＊大学の＊＊先生は頭が

べらぼうに良いうえ、切り口が斬新であり、将来が楽しみ、と高い評価を受ける教員がいる。予想通り、その人は、学会で賞をとり、自らの専門分野をわかりやすくまとめた本が評判になった。「優秀な学者」の誕生である。

学問業績に与えられる賞は多くない。また、芥川賞、直木賞のように権威、影響力があるというわけではない。メディアで報じられることもあまりない。だが、大学教員あるいは大学院生にとっては自らの業績を評価されるものとして重要な役割を果たす。学術賞、文化賞を取ったことによって、就職、転職の道が開かれることもあるからだ。

そこで、あくまでも一つの指標だが、早慶ＭＡＲＣＨの大学教員の学問業績について、最近21年間（１９９５～２０１５年）、学術賞、文化賞の受賞者を調べてみた。以下、八つの賞の受賞者を大学別に集計してみた。アジア・太平洋賞、サントリー学芸賞、毎日出版文化賞、日経・経済図書文化賞、読売吉野作造賞、角川財団学芸賞、大佛次郎論壇賞、小林秀雄賞。

早稲田大９人、慶應義塾大26人、明治大３人、青山学院大５人、立教大５人、中央大５人、法政大８人（延べ人数。１人で複数受賞した大学教員は人数に数えた）。

このなかで、もっとも有名なのがサントリー学芸賞であろうか。優れたものは過去の受賞者には名だたる学会の大御所が並ぶ。同賞は若手（40代ぐらいまでの准教授）に与えられる傾向があり、博士論文をまとめたものが受賞するというケースもある。大佛次郎賞、毎日出版文化賞もそれなりに権威がある。

早稲田大教授の黒田祥子さんは『労働時間の経済分析——超高齢社会の働き方を展望する——』（日本経済新聞出版社。山本勲氏との共著）で、日経・経済図書文化賞を受賞した。慶應義塾大出身で日本銀行金融研究所、一橋大経済研究所、東京大社会科学研究所を経て、現職に就いた。専門分野は労働経済学、応用ミクロ経済学。労働時間、余暇時間、労働供給、賃金、失業、物価変動とマクロ経済、解雇法制と労働市場、メンタルヘルスと労働市場などのテーマに取り組む。ほかに、小西秀樹さんと大村敬一さんが日経・経済図書文化賞、園田茂人さんと後藤乾一さんがアジア・太平洋賞をとっている。

慶應義塾大総合政策学部教授の小熊英二さんの受賞作は、『〈民主〉と〈愛国〉』（新曜社。大佛次郎論壇賞、毎日出版文化賞）、『1968［上］［下］』（角川財団学芸賞）、『単一民族神話の起源』（サントリー学芸賞）、『生きて帰ってきた男　ある日本兵の戦争と戦後』（小林秀雄賞）。膨大な資料をもとにして歴史を描き、ていねいに考察する手法で現代を解き明かす。ほかに国分良成さんがサントリー学芸賞とアジア・太平洋賞、土居丈朗《たけろう》さんがサントリー学芸賞と日経・経済図書文化賞をとっている。慶應義塾長の清家篤さんは日経・経済図書文化賞を受賞した。

法政ひと筋の田中優子総長

明治大文学部教授の齋藤孝さんは『身体感覚を取り戻す　腰・ハラ文化の再生』で新潮学芸賞を受賞する。齋藤さんは後述する、テレビなどメディアでの露出、新書刊行、コマーシャル出演など、八面六臂の活躍ぶりだ。明治大にとっては素晴らしい広告塔といえよう。

青山学院大総合文化政策学部教授の宮沢淳一さんは『グレン・グールド論』（春秋社）で2005年に吉田秀和賞を受賞している。専門は文学研究（ロシア文学、カナダ文学、比較文学・文化）、音楽学（音楽批評）。また、メディア論としてマクルーハンの研究に取り組んでいる。前出の福岡伸一さんがサントリー学芸賞、文学部教授の佐伯真一さんが角川財団学芸賞を受賞した。

立教大法学部教授の松田宏一郎さんは『江戸の知識から明治の政治へ』（ぺりかん社）でサントリー学芸賞を受賞した。専門は日本政治思想史。徳川時代から明治時代までの日本における政治思想の展開を西洋・東アジアとの比較で研究に取り組む。最近では権力の正当性、法と秩序、社会集団・団体観をめぐる思想の分析を行っている。ほかに河東仁さんと黒崎輝さんがサントリー学芸賞をとった。

中央大総合政策学部教授の服部龍二さんは、『日中国交正常化』で大佛次郎論壇賞、アジア・太平洋賞特別賞を受賞した。外交史、対外政策決定論などを教えている。『中曽根康弘――「大統領的首相」の軌跡』（中公新書）では、中曽根氏本人に29回インタビューを行うなど、研究において膨大な資料分析にとどまらず、当事者や関係者への聞き取りなど、いわばフィールドワークを重視する。青木正直さん、富田俊基さんが日経・経済図書文化賞を受賞している。

法政大総長の田中優子さんは、『江戸百夢　近世図像学の楽しみ』（筑摩書房）でサントリー学芸賞を受賞する。学部、大学院、講師、助教授、教授とすべて法政大で過ごしており、45年にわたる。『江戸の想像力』（筑摩書房）、『江戸を歩く』（集英社新書）、『グローバリゼーションの中の江戸』（岩波ジュニア新書）など、江戸に関する話題作が多い。「サンデーモーニング」（TBS）でコメンテーターをつとめていた。公的な場では和装が多い。

法政大からは、ほかに下斗米《しもとまい》伸夫さん、関口すみ子さん、結城英雄さん、酒井健さんがサントリー学芸賞をとっている。

2　ベストセラー作家、タレント教授

早稲田大の芥川賞作家教授

大学の役割は教育、研究、社会貢献にある。社会貢献のなかには大学教員がむずかしい専門分野をわかりやすく解説することが含まれる、その方法は一般書の出版、新聞や雑誌への寄稿、そしてテレビやラジオでの発言などである。このようなメディアでの発信について、早慶MARCHの教員は熱心に行っている。

そこで一般書では新書の執筆者、テレビの出演者を調べてみた。新書は安価で発行部数が多く、たくさんの方が手に取ってベストセラーも出やすい。テレビ（報道番組、クイズ、ワイドショーなど）は小中学生にとって大学教員という職業が認知される媒体である。な

お、集計対象の新書は次のとおり。朝日新書、講談社現代新書、岩波新書、新潮新書、中公新書、光文社新書、文春新書、ちくま新書、PHP新書、集英社新書（1995～2015年）。

早慶MARCH大学教員の執筆者数、おもな執筆者を記しておこう（敬称略。執筆当時の肩書で、定年、異動で現職でない人も含む）。

（1）早稲田大・127冊
長谷部恭男、石原千秋、有馬哲夫、小林英夫、竹田青嗣、中村明、小山慶太、天児慧、若田部昌澄、水島朝穂

（2）慶應義塾大・148冊
福田和也、金子勝、草野厚、小幡績、田島英一、小熊英二、村井純、竹森俊平、坪田一男、渡辺靖

（3）明治大・100冊
齋藤孝、菊池良生、マーク・ピーターセン、吉村武彦、鹿島茂、清水真木、石川幹人

（4）青山学院大・35冊
福岡伸一、片桐一男、本名信行、押村高、古荘純一、三木義一、坪田耕三

(5) 立教大・36冊
香山リカ、老川慶喜、長有紀枝、安田雪、山口義行、笠原清志、大塚明子、渋谷秀樹

(6) 中央大・40冊
佐々木信夫、服部龍二、加賀野井秀一、高木新二郎、新井潤美、山口真美、松田美佐

(7) 法政大・65冊
五十嵐敬喜、王敏、杉田敦、田中優子、鈴木晶、川村湊、陣内秀信、島田雅彦、羽場久美子

早稲田大政治経済学部教授の若田部昌澄さんは経済学史が専門である。リフレーション政策を支持し、TPP推進の論陣を張っている。著書に『もうダマされないための経済学講義』（光文社）、『経済学者たちの闘い――脱デフレをめぐる論争の歴史』（東洋経済新報社）、『危機の経済政策――なぜ起きたのか、何を学ぶのか』では石橋湛山賞を受賞した。

教育学部教授の石原千秋さんは日本近代文学研究、とくに夏目漱石に造詣が深い。『教養として読む現代文学』（朝日選書）、『打倒！　センター試験の現代文』（ちくまプリマー新書）、『生き延びるための作文教室』（河出書房新社）など。授業は厳しいが、面倒見がよい

ことで有名だ。

法学部教授の長谷部恭男さんは、2015年6月の国会の公聴会で、自民党推薦ながら集団的自衛権は違憲と述べて、安保関連法案の議論に大きな影響を与えた。著書に『憲法とは何か』（岩波新書）、『安保法制から考える憲法と立憲主義・民主主義』（有斐閣）。のちに、長谷部さんは自民党政権批判の舌鋒が鋭くなり、次のように話す。

「これからどう戦っていくか。最後は政権を変えるしかないと思う。今回の安保法制を廃止する法案を提出して成立させるだけでは駄目で、集団的自衛権行使を容認した閣議決定を『間違っていた』と、元に戻してもらわないといけない。（略）集会だけではなくて、次は選挙にも行って、おかしな政権を倒さないといけない」（東京新聞2015年9月18日）

社会科学部の有馬哲夫さんはメディア、広告、大衆文化を研究テーマとする。著書には戦後の裏面史ともいうべきテーマが多い。『原発・正力・CIA　機密文書で読む昭和裏面史』（新潮新書）、『原発と原爆「日・米・英」核武装の暗闘』（文春新書）など。

国際教養学部教授の竹田青嗣さんの研究テーマは現象学、近代哲学、現代思想。フッサールの現象学に取り組み、わかりやすい解説本を何冊も著してきた。独自の解釈が織り込まれて、竹田現象学の異名もある。著書に『超解読！はじめてのカント「純粋理性批判」』『超解読！はじめてのフッサール「現象学の理念」』（以上、講談社現代新書）など。

文学部教授の堀江敏幸さんは、『熊の敷石』で芥川賞を受賞した作家だ。ほかに三島由紀夫賞、川端康成文学賞、谷崎潤一郎賞、読売文学賞、伊藤整文学賞などを受賞。創作実践を目指すコースで教えており、こう話す。「人によって、成熟の時期がちがうんですね。学生たちには、『いますぐ何かを書く必要はない。焦らずに待って、書けるときが来て、ほんとうに書けたら、それをぼくに読ませてほしい』と言っています。書きはじめることより、はじめてしまったあとで書き続けることのほうが、ずっと難しい。書かない時期、書けない時期は、続けるために必要なものなんです」（ウェブサイト「WASEDA ONLINE」）

慶應義塾大は40～50代研究者が引っ張っている。

環境情報学部の福田和也さんは政治、経済、文化での歴史上の人物を取り上げる。『美智子皇后と雅子妃』『昭和天皇』『地ひらく――石原莞爾と昭和の夢』『乃木希典』『山下奉文　昭和の悲劇』（以上、文藝春秋）、『悪と徳と　岸信介と未完の日本』（扶桑社）、『大宰相・原敬』（PHP研究所）など、エッセーも多く、『悪女の美食術』で講談社エッセイ賞を受賞した。同学部の渡辺靖教授は国際政治が専門で、『文化と外交　パブリック・ディプロマシーの時代』（中公新書）、『沈まぬアメリカ　拡散するソフト・パワーとその真価』（新潮社)、『〈文化〉を捉え直す　カルチュラル・セキュリティの発想』(岩波新書)などがある。

法学部教授の片山杜秀さんは、政治学、政治思想が専門であり、クラシック音楽にも詳しい。『近代日本の右翼思想』(講談社)、『未完のファシズム――「持たざる国」日本の運命』『見果てぬ日本――司馬遼太郎・小津安二郎・小松左京の挑戦』(以上、新潮社)、『クラシックの核心』(河出書房新社)など。

経済学部教授の竹森俊平さんの専門は国際経済学だが、日銀のデフレ政策を厳しく批判している。『経済論戦は甦る』(東洋経済新報社)では、読売吉野作造賞を受賞した。国際的なお金の流れについて解説、提言する著書が多い。『通貨「円」の謎』(文藝春秋)、『世界経済危機は終わった』(日本経済新聞出版社)、『逆流するグローバリズム』(PHP新書)、『欧州統合、ギリシャに死す』(講談社)など。

法学部教授の細谷雄一さんは、国際政治学者として安保関連法案に賛成する立場をとる。著書に『安保論争』(ちくま新書)、『国際秩序――18世紀ヨーロッパから21世紀アジアへ』(中公新書)など。2015年7月、衆議院の特別委員会で次のように述べた。

「国際社会における緊密な協調を実現する上では、従来の安全保障法制では十分ではないということが大きな課題であって、したがって、私は、そのような二十世紀の歴史の教訓から、日本一国ではなくて、国際社会の中で協調行動をとって日本が安全保障を考えていく上では、今回の平和安保法制というものが非常に重要な意味を持つというふうに考えております」

文学部教授の荻野アンナさんは芥川賞作家である。受賞作の『背負い水』（文藝春秋）のほか、著書に『殴る女』（集英社）、『えろたま』（中央公論新社）など。授業では16世紀のフランス文学を教える。

テレビ出演について、フジテレビのワイドショー「とくダネ!」のコメンテーター3人は、慶應義塾大の教育、研究に関わっている。夏野剛さんは大学院政策・メディア研究科特別招聘教授。セガサミーホールディングス、ぴあなどの社外取締役を歴任した。内閣官房クールジャパン推進会議構成員などの肩書をもつ。古市憲寿さんはＳＦＣ研究所訪問研究員（上席）となっており、「社会学者」として、若者の生き方を論じる。石戸奈々子さんは大学院メディアデザイン研究科准教授である。「デジタルえほん」を設立した起業家だ。

法学部教授の片山善博さんは、自治省官僚、鳥取県知事からの転身である。地方自治問題で、報道番組で発言する機会が多い。

青山学院大は税法の泰斗・三木義一さんが学長に就任

著書についても明治大の齋藤孝さんは共著を合わせれば400冊以上、出してきた。年間10冊以上のペースである。『声に出して読みたい日本語』(草思社)は、早慶MARCHの大学教員では、最近、もっとも売れた本であろう。

齋藤さんはテレビ出演も多い。「情報7days ニュースキャスター」「所さんのニッポンの出番!」「ぜひモノ」(以上、TBS)、「変ラボ」(日本テレビ)、「健康の秘訣とは!『Forever Young』(テレビ東京)にほぼレギュラーとして登場する。

国際日本学部教授の鹿島茂さんの専門はフランス文化、研究テーマは日仏における近代の成立である。著書に『パリの日本人』『蕩尽王、パリをゆく 薩摩治郎八伝』(以上、新潮社)、『パリが愛した娼婦』(角川学芸出版)、『パリ、娼婦の街 シャン=ゼリゼ』(角川ソフィア文庫)、『悪の引用句辞典 マキアヴェリ、シェイクスピア、吉本隆明かく語りき』(中公新書)、『進みながら強くなる―欲望道徳論』(集英社新書)、『アール・デコの挿絵本 ブックデザインの誕生』(東京美術)など。

文学部教授の諸富祥彦さんの専攻は教育心理学、学校カウンセリングなど。研究テーマは、学校現場、教育、子育て、夫婦、恋愛などにかかわるカウンセリングなど。孤独、むなしさ、生きる意味などをキーワードに現代人の心理を分析する。著書に、『さみしい男』（ちくま新書）、『教師の資質 できる教師とダメ教師は何が違うのか？』（朝日新書）、『悩みぬく意味』（幻冬舎新書）、『知の教科書 フランクル』（講談社）など。

青山学院大では、やはり、福岡伸一さんである。それほど著書は多くないが、ベストセラー本が何冊かあり、固定読者を持っている。『生物と無生物のあいだ』（講談社現代新書）ではサントリー学芸賞を受賞した。ほかに『できそこないの男たち』（光文社新書）、『ルリボシカミキリの青』（文藝春秋）など。

三木義一さんは学長に就任したばかりだ（2015年12月〜）。社会保障と税の問題に知見を持ち、政府税制調査会専門家委員をつとめた。著書に、『日本の税金』『日本の納税者』（以上、岩波新書）、『給与明細は謎だらけ サラリーマンのための所得税入門』（光文社新書）などがある。

経営学部准教授の永井忠孝さんは『英語の害毒』（新潮新書）で、英会話重視、早期教育、公用語化、バイリンガル化は奴隷への道であり、「日本語禁止」の企業は、「自発的な植民地化」への道だと批判する。「英語の青山」と言われる大学で教えるにあたって、ご自身の主張と大学の語学教育方針とのあいだで整合性をとるのはむずかしそうだ。

経営学部講師の山本直人さんは博報堂出身。独立してマーケティング、人材育成のコンサルタントを行っている。『話せぬ若手と聞けない上司』『売れないのは誰のせい？ 最新マーケティング入門』『ネコ型社員の時代 自己実現幻想を超えて』『電通とリクルート』（以上、新潮新書）、『マーケターを笑うな！「買いたく」させる発想法』（朝日新聞出版）などで、マーケティングの重要性を説いている。

テレビ出演について、社会情報学部准教授の米山明日香さんはBSスカパー「チャンネル生回転TV NEWSザップ」のコメンテーターを務めている。専門は音声学、英語教育、英語プレゼンテーション。地球社会共生学部教授の古橋大地さんは専門の空間情報について、「ホウドウキョク」（フジテレビ）などで多くを語っている。

立教大では、香山リカさんの著作数が群を抜く。『悲しむのは、悪いことじゃない』（筑摩書房）、『「独裁」入門』（集英社新書）など。

経済学部教授の老川慶喜さんは近代日本経済史を鉄道、運輸、流通の観点からアプローチする。『近代日本の鉄道構想』（日本経済評論社）、『日本鉄道史 幕末・明治篇 蒸気車模型から鉄道国有化まで』（中公新書）、『もういちど読む山川日本戦後史』（山川出版社）など。

文学部教授の河野哲也さんは哲学、倫理学が専門。『暴走する脳科学 哲学・倫理学からの批判的検討』（光文社新書）、『道徳を問いなおす リベラリズムと教育のゆくえ』（ちくま新書）、『「こども哲学」で対話力と思考力を育てる』（河出書房新社）など。脳科学のあり方を倫理学から問い質《ただ》したり、社会に適応した道徳をどのように教えたらいいかの提言を行ったりしている。

法学部教授の渋谷秀樹さんの『憲法への招待〔新版〕』（岩波新書）は、憲法を初めて学ぶ学生から支持されている。同書では「憲法は私たちが守らなくてはならないものか」「憲法改正手続を定める憲法九六条は改正できるか」「日本の上空を通過する他国を攻撃するミサイルを撃ち落とすことは合憲か」といった問いかけに答える形で、日本国憲法の思想と骨格をていねいに解説する。

テレビ出演について経済部教授の山口義行さんは、「こちら経済編集長」（BSジャパン）にレギュラーとして経済問題を解説する。「クローズアップ現代」「サキどり」（以上、NHK）、「未来世紀ジパング」（テレビ東京）などでコメンテーターをつとめる。研究テーマはインフレーション、貨幣資本の蓄積、金融肥大化、金融市場など。

法政大には小説家が揃う

中央大で多くの著書を著しているのが、文学部教授の山田昌弘さんだ。専門は家族社会学。それを解きほぐした『パラサイト・シングルの時代』『希望格差社会「負け組」の絶望感が日本を引き裂く』（以上、筑摩書房）は、タイトルが話題になって、ベストセラーとなった。ほかに、『少子社会日本 もうひとつの格差のゆくえ』（岩波新書）、『ワーキングプア時代 底抜けセーフティーネットを再構築せよ』（文藝春秋）、『「家族」難民：生涯未婚率25％社会の衝撃』（朝日新聞出版）など、格差社会における家族のあり方を問い続けている。

経済学部教授の佐々木信夫さんは、東京都庁勤務16年の経験から地方行政のあり方について提言を行う。著書に『市町村合併』『自治体をどう変えるか』（以上、ちくま新書）、『東京都政 明日への検証』（岩波新書）など。

法科大学院教授の森信茂樹さんは、大蔵省（現財務省）の官僚からの転身だ。専門は租税法、租税政策である。マイナンバー制の活用を積極的にすすめている。著書に『消費税、常識のウソ』（朝日新書）など。

テレビ出演について、法科大学院教授の野村修也さんは「news every.」「情報ライブミヤネ屋」（以上、日本テレビ）、「あさチャン！」（TBS）でコメンテーターをつとめる。専門は商法で、M&A、不祥事に伴うコンプライアンスが話題になったとき、ていねいに解説する。

理工学部教授の庄司一郎さんは、「真相報道 バンキシャ！」（日本テレビ）でレーザーポインターの光がどこまで届くかを実験で検証し、高出力のレーザーポインターの危険性についてコメントしている（2015年11月）。理工学部教授の戸井武司さんは「ホンマでっか!?TV」（フジテレビ）で、生活に身近な「音」を研究テーマに、発音メカニズムの解明や快適な音環境を作り出す快音設計について解説する。

法政大には文芸関係で発信力が高い教員が揃う。国際文化学部教授の作家・島田雅彦さんはサブカルチャー論、創作、小説論、文学史、戦後史などを担当する。「普段使わない頭を鍛えてあげます」と記している。同・教授のリービ英雄さんは日英翻訳論、世界の中の日本語、実践翻訳技法などを受け持つ。「教授たちも学生たちも、日本語と外国語についてよく考えて、ことばの体験を大事にする学部です」と記す。

同学部教授の川村湊さんは「世界の中の日本文学」を教える文芸評論家だ。著書に『日本の異端文学』（集英社新書）、『魂を揺さぶる人生の名文』（光文社）、『物語の娘　宗瑛を探して』（講談社）、『村上春樹をどう読むか』（作品社）、『温泉文学論』（新潮新書）など。

文学部教授の中沢けいさんも作家で、代表作は『海を感じる時』（講談社）。授業では日本文学全般、特に現代小説を教え、小説を中心とした実作指導を行う。同学部准教授の田中和生さんは文芸評論家として、『江藤淳』（慶應義塾大学出版会）、『新約　太宰治』（講談社）、『吉本隆明』（アーツアンドクラフツ）などを著す。講義では「日本近・現代文学」「文芸評論・実作指導」を行う。

法学部教授の下斗米伸夫さんはロシア、ソ連政治史、冷戦史グローバリゼーション、戦後の国際政治の変化、日ソ関係史に詳しい。『アジア冷戦史』（中公新書）、『モスクワと金日成――冷戦の中の北朝鮮　1945-1961年』『日本冷戦史――帝国の崩壊から55年体制へ』（以上、岩波書店）など。

社会学部教授の稲増龍夫さんの専門はメディア文化論である。ＡＫＢ48の総選挙、「あまちゃん」の人気などを語る。新聞記者やアナウンサーが多く輩出する自主マスコミ講座の顧問をつとめている。著書に『パンドラのメディア―テレビは時代をどう変えたのか』『アイドル工学』（以上、筑摩書房）など。いま、1960年代のグループサウンズの文化史的意義に取り組み、当事者と対談を重ねている。

法学部教授で政治学者の山口二郎さんは安保関連法反対の立場を鮮明にして集会やデモでよく演説する。著書に『政権交代とは何だったのか』（岩波新書）、『若者のための政治マニュアル』（講談社現代新書）など。その過激な言動がしばしば話題になる。2015年8月、SEALDs（自由と民主主義のための学生緊急行動）の集会でこう叫んだ。

「昔、時代劇で萬屋錦之介が悪者を斬首するとき、『たたき斬ってやる』と叫んだ。私も同じ気持ち。もちろん、暴力をするわけにはいかないが、安倍に言いたい。お前は人間じゃない！　たたき斬ってやる！　民主主義の仕組みを使ってたたき斬ろう。たたきのめそう」

法政大はテレビ出演で発言力が高いタレントが揃っている。社会、政治、文化、工学、スポーツなど影響力も高い。総長の田中優子さん（社会学）、尾木直樹さん（教育学）、湯浅誠さん（労働問題）、山口二郎さん（政治学）、島田雅彦さん（作家）、陣内秀信さん（建築評論家）、神和住純さん（テニス）、清雲栄純さん（サッカー）、山本浩さん（スポーツジャーナリズム）など、顔を見れば、だれだかわかる人たちが並ぶ。

キャリアデザイン学部教授の尾木直樹さんは、おそらく日本でもっともテレビ出演が多い大学教員であろう。2016年5月は16日間、20回出演した（再放送含む）。同じ日に複数回出演はめずらしくない。「ウワサの保護者会」（Eテレ）、「シューイチ」（日本テレビ）、「NEWS23」（TBS）、「スーパーJチャンネル」（テレビ朝日）、「直撃LIVEグッディ！」（フジテレビ）と、NHK、民放をほぼ制覇している。尾木さんの専門は臨床教育学（教育実践論、教育相談）であり、具体的なテーマはいじめ、不登校、学級崩壊、暴力、モンスターペアレントなど。ツイッターでの発言がニュースになることがある。

法政大現代福祉学部教授の湯浅誠さんは、2008年末の年越し派遣村村長、2009年から民主党政権下で内閣府参与などを歴任している。

スポーツ健康学部教授の山本浩さんは元NHKのスポーツアナウンサーで、コミュニケーション論、ジャーナリズム論を担当する。1986年ワールドカップ・メキシコ大会、アルゼンチン対イングランドで、マラドーナが5人抜きでシュートを決めたときの絶叫はいまでも語りぐさである。「マラドーナ、マラドーナ、マラドーナ来たーっ、マラドーナーッ！」

第5章　早慶MARCHの卒業後の進路

1　早慶MARCH、大学別の取り組み

大学は就職支援に力を入れるようになった。就職課はキャリアセンターに名を変えて、それまでのような求人情報の提供から、内定を獲得するまでの指導をしっかり行うようになった。早慶MARCHも大学のブランド力に胡座《あぐら》をかく時代はとっくに終わったという認識を持って、学生を支援している。大学の取り組みをみてみよう（就職活動体験はそれぞれ大学案内から引用）。

早稲田大――学生キャリア・アドバイザーとして後輩を支援

キャリアセンターでは、全学年対象の「みらい設計支援行事」と銘打ち、インターンシップ、公務員・教員キックオフガイダンス、みらい探しイベントを行っている。また、就職活動生を対象にした「就職支援行事」では、就職ガイダンス、業界・企業研究講座、学

内企業説明会、各種対策講座を実施している。

インターンシップの就業先として行政、国際協力、マスメディア、ビジネスの4コースに分かれる。おもなインターンシップ先は、北海道、静岡県、武蔵野市、世田谷区、川崎市、日本ユネスコ協会連盟、国際協力機構、共同通信社、毎日新聞社、内田洋行など（2014年度）。

学内企業説明会では約500社が参加する。全日本空輸、JR東日本、電通、トヨタ自動車、三菱商事、日本銀行などビッグネームの会社が揃う。早稲田大は「国内最大級」と自負する。業界・企業研究講座では、ITサービス・ITサポート業界（富士通、NEC、日本アイ・ビー・エム、NTTデータ、野村総研、SCSK、ヤフー、楽天など）について、日本経済新聞社の編集委員から現状や展望について話を聞く。

キャリアセンターでは、専用のブースを設けて個別の相談にのっている。大学としては、「相談」というより、「話をする」ことで打開策が得られることを望んでいるようだ。相談対応（通常授業期間）の受付時間は平日9時〜17時、土曜日9時〜16時。事前予約はできず、キャリアセンターカウンターでの当日受付のみとなっている。相談時間は1人40分以内。

おもな相談内容は次のとおり。自己分析（志望動機・自己PR）、資料請求、業種および職種の研究・選択（適性・興味）、会社の研究・選択、OB・OG訪問、応募方法（活動の流れ）、会社説明会・セミナー、採用試験（面接・筆記）、採用内定（重複・辞退）、学業成績、健康、年齢制限・留年、縁故、進路（大学院・留学など）、Uターンなど。

また、就職が決まった学生キャリア・アドバイザーが自身の体験に基づいて、エントリーシートの書き方、面接のノウハウ、OB・OG訪問の仕方など、こまかな相談に乗ってくれる。

国際教養学部出身のPさんは東京電力に勤務する。就職活動を振り返る。

「私は東日本大震災の体験からインフラの大切さを実感しており、以前から漠然と『公共性の高い仕事に就きたい』という気持ちがありました。帰国後の就職活動では、志望分野をエネルギーと報道に絞ってすすめキャリアセンターの個別相談やセミナーを活用し、先輩の就活体験談など有益な情報を得ることができました」

彼女は進路が決まったあとも、その恩返しができればと思い、学生キャリア・アドバイザーとして後輩からの相談に応えている。

慶應義塾大──全塾ゼミナール委員会が業界研究会を開催、4000人以上が参加

就職支援、内定実績について、こう自画自賛している。

「慶應義塾は『最も就職に強い大学』のひとつとされています。実際に毎年の就職状況は高い実績を残しています。これは塾生がいかに社会から高い評価を得ているかを端的に証明しているものです」（大学案内、2015年）

一部上場企業への内定者が多いという意味では、「就職に強い」と自画自賛するのは、他大学にすればイヤミではあるが、あたっている。とくに銀行、商社、保険業界への就職実績はよい（58ページ）。

だからといって慶應義塾大がなにか特別な就職支援を行っているというわけではない。就職担当部署は、早慶MARCHのなかで唯一、キャリアセンターとは名乗っていない。「就職担当」というきわめて古典的な名称だ。就職担当部署はキャンパスごとにある。三田学生部就職・進路支援担当（文、経済、法、商）、矢上学生課就職担当（理工）、湘南藤沢事務室就職・進路担当（総合政策、環境情報）、芝学生課就職担当（薬）などに分かれる。

また、早期からの就職支援を行っているわけではない。おおまかなスケジュールは次の

とおり。

＊3年次

5月下旬〜6月下旬　インターンシップ説明会

10月上旬〜3月下旬　各種就職ガイダンス開始。業界や企業の研究、自己分析、OBOG訪問、筆記試験対策、エントリーシート提出

＊4年次

4〜5月　内々定が出始める。採用試験実施。学校推薦状発行（理工学部）

こうしたなか、各種セミナーを実施する。就職活動の進め方、履歴書、エントリーシートの書き方、面接対策などである。卒業生や内定者による座談会、新聞記者やエコノミストによる業界研究など。全キャンパス合わせると150回程度、行っている。

きわめて王道をいく就職支援である。

慶應の強みは、学生だけで構成されている全塾ゼミナール委員会だろうか。学内にある約200のゼミを統括しており、学術面などで他ゼミとの交流、親睦を行っている。全塾ゼミナール委員会は業界研究会を開催。約5000人の学生にアンケートを行って、業界のリストアップ、講師の人選を行っている。2014年度は、コンサルティング、金融、

エネルギー、医薬品、映画、航空などから23の企業が集まった。学生は４２２６人参加している。なかなか結束力が高い。

慶應の就職活動を語る上で、同窓会組織、三田会がクローズアップされる。三田会という組織が動いたから就職ができたということではない。だが、会社訪問では三田会人脈を活用できるというメリットは大きい。

製造業メーカーに内定した文学部の男子が次のように話す（２０１３年度卒業）。

「3年生の10月から就職活動を始めました。エントリーシートの準備、面接対策など計画的にできたと思います。また、慶應義塾はタテのつながりが強く、サークルのＯＢも自分のことのように相談にのってくれました」

静岡銀行に勤務するＱさんはこうふり返る（２００９年度卒業）。

「就職活動ではＯＢ訪問が大きなサポートになりました。いただいたアドバイスのおかげで、社会人として働く自分のイメージを具体的に描くことができました」

なるほど、三田会神話が語り継がれるのは、慶應の学生がＯＢＯＧと強い絆で結ばれているからなのだろう。

明治大――「就職の明治」は今も健在

大学あげての就職支援。明治大には昔からこんなイメージがある。良い意味での体育会的なノリだ。1980年代は「就職の明治」と異名をとったほどで、当時の就職部長はメディアに必ず登場した有名人だった。就職支援の量、質ともに早慶MARCHではトップと言えよう。

その伝統がいまにも受け継がれている。就職部は就職キャリア支援センターと改称して久しいが、次のように自慢する。①就職キャリア支援センターの職員が常時、スタンバイしており、相談実績は年間2万8000件。②学内企業セミナーに延べ1000社以上が参加。年間求人数は5000件以上。③年間500回を超える就活に役立つセミナーやイベントを実施。④「来訪企業情報」「就職活動報告書」「OB・OG名簿」などが完備。資料室やパソコンで閲覧可能。⑤模擬面接の繰り返し。⑥インターンシップの強化。

スケジュールをみてみよう。

1～2年

5月　キャリアガイダンス、全学版インターンシップオリエンテーション

6月　公務員ガイダンス、自己分析対策講座
7月　ジョブスタディ。先輩たちから話を聞く。夏休み過ごし方セミナー
3年
4月　海外インターンシップ説明会
5月　公務員ガイダンス（地方公務員）
6月　プレ就職・進路ガイダンス
7月　公務員ガイダンス（国家公務員）
9月　工場・事業所見学会（理系）
10月　就職・進路ガイダンス、エントリーシート対策講座、就職筆記試験対策テスト、就職適性検査、就職講演会、自己PR発見講座、仕事研究セミナー、「会社四季報」読み方講座
11月　女子学生のための就活セミナー、SPI講座WEBテスト模擬試験説明会、OBOG懇談会、就職活動体験報告会、面接対策講座
12月　マナー講座、業界研究セミナー、Uターン・Iターン就職セミナー、ジョブスタディ

2月　ＯＢＯＧ懇談会、模擬面接会、業界研究セミナー
3月　ＯＢＯＧ懇談会、学内企業セミナー、公務員模擬試験
経営学部のＲさんはロッテに就職した。就職活動を次のようにふり返る。
「製菓メーカーはエントリーシート通過率が低いため、就職キャリア支援センターの方に添削してもらうなど、自分が納得するまで書き直しました。また、就職キャリア支援センターにある過去の就職活動報告書を参考にし、その後の選考の対策にしました。就職活動報告書の数は、他大学に比べてもかなり多く、心強いアイテムの一つだと思います」
他大学との比較はいくつかの大学に忍び込まなければできないので、おそらく、友人から聞いたのだろう。たしかに、明治大の就職活動報告書は事例が多いことで定評がある。過去の蓄積のたまものであろう。

青山学院大――講演会は400回以上、企業からの求人は1200社

早期から就職支援に力を入れている。スケジュールは明治大と似ている。
1年次で進路・就職オリエンテーション、キャリア講座、自己価値発見セミナー、ＯＢＯＧとのしゃべりの場、業界研究、企業見学などに参加できる。「ＯＢＯＧとのしゃべり

の場」とは、就職活動前にOBOGと話す機会を設けて、働くことについて考える場となる。同世代ではなく、社会人との対話で進路や職業観について気づかされると、評判は良い。

3年4月からは具体的な取り組みが待っている。公務員ガイダンス、資格取得ガイダンス、外資系企業研究講座、ビジネスマナー講座などを受けることで、士気を高めていく。6月以降は、Uターン就職ガイダンス、企業見学、筆記試験対策など実践的な内容が入ってくる。

9～10月は、自己分析・自己PR対策、エントリーシート対策、公務員学内業務説明会、マスコミ業界研究、公立学校教員採用試験対策セミナーなど、志望業界、希望企業に対応できるようなイベントが増えてくる。

11～12月は校友会主催の業界研究、青学独特の講座として、航空業界研究が行われる。キャビンアテンダント（CA）など各社採用状況、会社別の働き方の違いなどの話を聞く。CAは、あこがれの職業として相変わらず人気が高い。第1志望が女性アナウンサー、第2志望がCAという女子学生は少なからずいる。女性アナウンサーは数千人に1人という高倍率ゆえダメモト感はある。それに比べて、CAは大手航空会社が正社員の採用枠を広げたので多くの女子学生が夢を叶えられるようになった。もともと青学にはCA志向の強い学生が多かったので、長い間、早慶MARCH中トップという結果が出ている。

日本航空に就職するSさんは、就職活動を3年次の12月からはじめて4年次の5月に終えた。こうふり返る。

「進路・就職センター主催のセミナーや幅広い業種の企業説明会に参加したことで、自身の就活の軸が明確になり、幼いころからの夢であった航空業界を志望。青学OGの『面接で自分らしさを忘れず会話を楽しんで』という助言で、カフェのアルバイトで培ったおもてなしの信念を自分の言葉で伝えることができました」（2015年度）

話を戻そう。

1月、女子学生キャリアプラン講座を行う。これは、自分らしい人生を送るために社会でどのように活躍し、自己実現すればよいか、多様な生き方、働き方、キャリア形成について学生と考えていく場である。また、1月中には学内で教員採用模擬試験団体受験を行う。3月には学内企業説明会を約500社集めて行う。

4年次になって、ビジネスマナー、面接対策講座、模擬面接などを行い、変わったテーマとして、公務員から民間への方向転換セミナーを実施する。そして、本番に臨む。

就職活動において、ガイダンス、セミナー、講演会は年間400回以上行い、企業からの求人は年間1200社にのぼる。2016年3月の進路決定率は93・2%、（大学独自に行っている調査として）進路・就職先満足度は88・2%となっている。

立教大――職場見学、社員との懇談で仕事への理解を深める

キャリアセンターでは、キャリアについて「仕事、職業を含めた、自立した個人としての自分らしい人生のあり方」と考えている。そのために、同センターではキャリア支援プログラム、就職支援プログラムの二つに分けて、学生からの要望に応えている。

いくつかまとめてみよう。

学部ごとの正課キャリア科目を開講している。これは、社会人として求められる基本的な能力や態度を身につけられるようにするためだ。「職業と文学」（文）、「課題解決演習」（経済）、「NPO／NGO論」（社会）、「理学とキャリア」（理）、「キャリア意識の形成」（法）、「キャリアと心理学」（現代心理）などを学ぶ。

スタディツアーでは普段、手に取っている製品がどのように作られ、売られているのか。また、目に見えないサービスがどのように考えられ、提供されているのか。企業を訪問し

て、職場の見学、社員との懇談によって、仕事に対する理解を深めている。2014年の訪問企業は、花王、オリックス、第一生命保険、サントリー食品インターナショナル、野村不動産など。

仕事発見セミナーでは、企業から各業種の担当者を招き、営業、企画、総務、国際関係などの仕事について、説明をしてもらう。学生にすれば想像しにくいことばかりなので、自分の適性や進むべき道を見きわめるのには役立つという。

グローバル企業勉強会がある。商社の総合職をめざす学生向けで、各社OBOGとの懇談や模擬面接を行う。

「Rikkyo Career Link」によってOBOGと交流することができ、仕事の中身、働きがいなどについて話を聞ける。

就職活動スケジュールは、これまでみてきた大学と大きく変わらないが、準備が早期化しているのは間違いない。

1、2年次からキャリアや就職に関する相談を受けている。スタディツアー、仕事発見セミナーもこのころから始まっている。2年次から3年次にかけては、インターンシップ参加者が増え始める。3年次になると、エントリーシート対策、面接体験、グループディスカッション対策などの講座がはじまり、就職活動も本格化する。

インターンシップ参加で仕事観を身につけ、総合電機メーカーから内定を得られた学生の話である。コミュニティ福祉学部のTさんだ。

「精密機械メーカーのインターンシップでは、営業の方に同行し、そこで顧客の声を聞き、それをグループに持ち帰ったうえで、どのように製品開発に活かすべきか、といったワークを体験し、最終的に内定をいただくことができました。インターンシップ先でのそうした経験が、さらにその後の就職活動での自信へとつながり、良い結果で就職活動を終えることができました」

法学部のUさんは物流会社への内定が決まった。こう記している。

「一番印象に残ったのはやはり入社の決め手となり、2週間参加した航空物流会社のインターンシップです。そこでは、ドイツから日本にはどんなルートを使って運ぶと良いか、という具体的な課題についてチームで議論して発表するといった体験をさせていただきました。座学だけではなく、実際に働く現場も見学できたため、これまで大学で勉強してきた内容が社会でこんな風に繋がっているんだと気付いたり、社員の皆さんとも交流できたり、とても学びのある時間でした」

中央大――地方で働くためのU・Iターンガイダンス

年間延べ200日以上の多彩なプログラム。年間8500件を超える就職相談に対応。就職決定率97・9%。

これが中央大の大きな売りである。そのあらましをみてみよう。1年次、キャリアデザインノートを渡して、興味、関心、能力を把握するようにつとめる。自己理解セミナー、Grow Up(成長)セミナーで、自分を知り、高めるようにする。また、「マイ・キャリア・プロデュース」というテーマがある。自分のキャリアで経験値を高めたい項目をキャリアセンターが支援するというもので、至れり尽くせり感が漂う。

2年次からインターンシップが始まる。2014年度の受け入れ先は、三井住友銀行、りそな銀行、キヤノン、日本ハム、住友生命、中部電力、外務省、神奈川県庁など。卒業生で経済界のメンバーを集めた団体、南甲倶楽部の協力によって、インターンシップの受け入れ先がきまり、業種は多岐に渡っている。インターンシップについて言えば、慶應の三田会より結束力がある。

3年次になると、「実践編」になる。キャリアガイダンス、OB&OGキャリアライブ、就職合宿セミナー、ジョブフェスティバル、面接力UPセミナー、模擬面接セミナーなどで、内容は読んで字のごとしである。大きな特徴と言えば、キャリアセンター職員が常時、個人対応できるようにスタンバイしていることである。

理工学部は1年では、「科学技術と倫理」を受ける。環境、情報、医療などで、技術者がやってはいけないような態度（論文盗作、データ改ざんなど研究不正など）を押さえておく。

学生が主体的に就職活動に取り組むグループ「Canvas＋」がある。学生とOBOGをつなぐ役割を果たしており、1、2年生に各イベントを行っている。

地方での就職を考える学生向けに、「U・Iターンガイダンス」を実施する。北海道から九州沖縄まで各地域の企業採用担当者が、地元企業の説明を行っている。毎年、約300人の学生が参加する。

中央大は早慶MARCHのなかでもっとも全国から多くの学生を集めている。それだけ、Uターンして全国各地に就職する学生が多い。また、Iターン組もいる。2016年の地域別就職者数は、北海道・東北91人、東海180人、甲信越96人、近畿343人、四国30人、中国42人、九州・沖縄52人。

多摩キャンパスゆえ、都心にある企業の会社訪問、面接を数多くこなすのはむずかしい。そう感じる学生もいる。だが、多くは気にならないようだ。都心に集中する企業をいくつも受けるより、地方に足を運べばいいではないか、という考え方だ。これは地方出身者が多い大学の特徴といえるだろうか。

法政大――実戦さながらの模擬面接で厳しいやりとりを繰り返す

就職希望者決定率98・2%(2016年3月卒業生)。キャリアセンターが発表したデータである。これは卒業生6652人のうち、6121人から提出されたもので、就職者5212人、進学者398人、その他511人となっている。学内企業説明会には約1000社参加。

大学としては、1年生から就職に対する意識をもってもらうよう、お膳立てを整えている。入学早々「新入生対象キャリアガイダンス」を行っている。といっても、これは就職試験対策というより、学生生活をいかに充実させるか。それが卒業後の人生にどうつながっていくかについての話となる。大学での自分探しの勧めといっていいかもしれない。2年次までを対象とした、低学年各種プログラムがあり、ビジネスで必要とされる基本的なマナーを身につけさせる講座がある。

2年次からインターンシップが始まる。キャリアセンターが受け入れ先企業、団体と提携して、法政大向けの応募枠を設定しているところだ。受け入れ先は、大田区役所、三井住友銀行、巣鴨信用金庫、日立製作所、丸井グループ、読売新聞社、読売エージェンシー、矢野経済研究所、読売巨人軍など。

3年次からは、筆記試験対策、就職マナー、面接対策などの講座が始まる。業界・仕事研究セミナーも盛んに行われる。

キャリアセンターは模擬面接会に力を入れている。各業界100社の人事採用担当者から協力をあおぎ、どのような質問が繰り出されるかを研究して、実戦さながらの模擬面接を行う。厳しいやりとりがある分、学生からは評判が良い。

4年次秋以降、キャンパス内で説明会と同日に一次選考にも参加できる企業選考会を複数回、実施。4年次9月で内定が決まらない学生に対してフォローする。

日本アイ・ビー・エムで働く文学部のVさんは話す。

「活動中は自己分析、エントリーシートの添削、面接練習など、キャリアセンターのあらゆるサポートプログラムを活用しました。面接を思うように通過できず悩んだときは、職員の方に相談にのってもらい、具体的な事例をもとにした客観的なアドバイスをいただいたことで、気持ちを切り替えて次に進めました」

三菱電機に就職するWさんは、大学の授業で身につけたPREP法（冒頭で結論を述べて、理由、事例に続けて、最後にあらためて結論を示す方法）が生かされたという。

「就職活動をふり返って役立ったと思うのは、理系の学びで身についた論理的思考力です。特にPREP法は、自己PRなどを考える際に、自分の伝える内容に一貫性があるか、誤解なく理解しやすい話の流れになっているかなどを確認するのに有効で、本番では、自信をもって面接官に伝えることができました」

就職支援については、大学ごとのカラーはほとんどなくなっている。これは早慶MARCHの学生気質がそれほど変わらないことによる。早期からといっても、1年次からマニュアルに沿った就職活動は行っていない。3年生夏休み前ぐらいからそわそわしてくる。だが、実際、本格的な始動は秋以降になる。このあたりも早慶MARCHに大きな違いはない。

2　進路①――公務員

早稲田大出身官僚が増えている

国家公務員総合職試験（以下、「総合職試験」）に合格して省庁に配属される人たちがいる。彼らは官僚と呼ばれる。各省庁の幹部候補生であり、やがては事務次官、官房長、局長に昇進して、国の政策を担う中枢にその身をおくことになる。最近では使われなくなったが、高級官僚という言い方もあった。メディアはエリート官僚ということばを好む。かつては総合職試験を「国家公務員Ⅰ種」、「上級甲種試験」と呼んでいたほどだ。日本国内でもっとも優秀な人材が集まる集団という自負は、当然あってのことだろう。

実際、総合職試験は難関である。それは合格者に東大出身が圧倒的に多いことからもわかる。そもそも東大の成り立ちが、明治政府によって「国家ノ須要ニ応スル学術技芸ヲ教授シ……」と位置づけられていた。つまり、東大は国家の中枢を担う官僚を送り出す機関として存在していた。それが今日まで130年にわたって続いてきたことになる。

こういう世界に、早慶MARCHは縁がないのだろうか。

国家公務員試験総合職合格者の最新データおよび経年変化をまとめてみた（図表5－1）。2015年、東大は早稲田の3倍を数える。2位以下を大きく引き離して、圧勝といえる。しかし、過去20年をさかのぼると5倍、6倍という年もある。1980年代以前は、10倍の開きがあった。なるほど、むかしの数字を眺めるにつけ、東大と早稲田の差がずいぶん縮まったものである。早稲田大が2位の京都大に3人差まで肉迫していることも特筆すべきだろう。上級甲種試験と呼ばれた戦後間もないころから70年近く、東大、京大のワンツー・フィニッシュが続いていたが、2010年代には崩れそうだ。

ところで、早稲田大の合格者が以前にくらべて急増したというわけではない。50人以上は必ずいた。彼らは政治経済学部に多い。同学部は東大文Iの併願先である。もともと東大文I、官僚を目指していたが、東大に受からず、浪人したが、それでもかなわず、早稲田の政経に通うことになった。そこで「敗者復活戦」的な思いで国家公務員に挑む。そんな学生がみられた。これは1990年代までの話で、いまは少し様子が違ってくる。早稲

図表5－1　国家公務員総合職合格者の推移

	1969年	1996年	2000年	2006年	2012年	2015年
東京大	453	437	392	457	412	459
京都大	174	221	151	177	117	151
早稲田大	32	89	78	89	103	148
慶應義塾大	4	53	54	73	81	91
中央大	10	18	15	23	23	58
明治大	－	13	－	13	15	22
法政大	－	－	－	10	1	6
立教大	－	－	－	5	3	6
青山学院大	－	－	－	4	3	4

所管省庁、大学資料から集計。－は未判明

田の政経、あるいは法に入ってから、自分の進路をじっくり考えて国に尽くしたい、という思いを抱く学生が多くなった。

これはその時代の景気に関係してくる。好景気であれば公務員離れで民間企業にすすむ。不景気が続けば、公務員志向が強まる。早稲田大の合格者をみると、1960年代のいざなぎ景気、1990年前後のバブル期、2000年ごろのITバブル期に、総合職試験合格者数は伸び悩んでいる。しかし、不景気になると合格者は増えている。東大が景気に関わらず、合格者を維持しているのは、大学のカラーのなせるわざであろう。

国家公務員の早稲田大の合格者数が京都大を抜き、200人の大台に乗ったとする。となれば、早稲田は官僚養成大学という評価がなされてしまうのか。

これまで東大の併願校であっても、東大にはならなかったことに、早稲田のアイデンティティーがあった。これもずいぶん使い古されたことばだが「ミニ東大化」とみるべきか。いや、これからの時代、官僚そのものが東大ではなく、早稲田のカラーを求めるようになったという、ニュー早稲田とポジティブに捉えていいものか。早稲田出身の官僚の活躍次第である。

中央大、明治大、法政大は公務員希望学生を応援

慶應義塾大はどうだろうか。合格者数の推移を見る限り、早稲田ほど官僚志向が強くなっていないようだ。銀行、商社、メーカーに入って日本経済を引っ張っていくという気概のようなものが、慶應のカラーとしていまに引き継がれている。ビジネスを追求というポリシーからすれば、官僚という存在は相容れないのか。1980年代以前、総合職試験合格者で東大とかなりの差が開いていたのは、このあたりに理由がありそうだ。これは、次節でみるように公認会計士にやたら強いことと無関係ではない。自分の才覚を国ではなく企業で生かしたいというメンタリティが慶應には強い。また、起業。海外留学でMBA取得という学生も多く、官僚とはまったく違う世界に流れていく。そのうち、外資系企業と

して官僚の前に現れ、省庁が作った規制を壊していくのか。

慶應義塾大の学生はこう分析する。社会科学系（経済、商、法）の教育内容に官僚養成的な要素がすくない。慶應の学生は政財界2世3世が少なからずみられ、彼らに官僚志向はない――。とはいっても、不景気になれば公務員志向が強まる。慶應の学生も選択肢の一つとして考えている。早稲田に倣《なら》うかのように、不景気のときに合格者が増えている。そしてここ数年、景気が持ち直したが、増えている。近い将来、総合職試験で早慶の台頭によって、東大の「国家ノ須要ニ応スル」役割が弱まっていく、つまり、官僚に早慶が増えて、国のありようが変わってくる、ということも考えられないわけではない。いや、変わったほうがおもしろいだろう。いつまでも特定の大学に省庁が支配されているよりはずっといい。

中央大は私立大学で三番手につけている。法学部が強いこともあって司法試験の科目と重なるところもあり、総合職も受けてみるという学生がいたからだ。これは、東大の優秀な学生によく見られた。4番手の明治大は、近年、合格者を増やしている。

外務省総合職は、将来の大使など外交官幹部候補生である。伝統的に東大が強い。早慶はこの壁を破れない（図表5－2）。外務省専門職は、その国、地域の専門家となって政府

図表5－2　国家公務員試験合格者(2015年)

大学	国家公務員総合職	国家公務員一般職	外務省総合職	外務省専門職
早稲田大	148	318	1	7
慶應義塾大	91	119	3	3
明治大	22	183		
青山学院大	4	50		
立教大	6	85		1
中央大	58	213		
法政大	6	123		

所管省庁、大学資料から集計

の外交政策を実現する。作家の佐藤優さんが専門職試験を通って外交官となった。早慶が強い。

明治大には国家試験指導センター行政研究所がある。1957年に設立。目標は「1人でも多く国家公務員総合職試験最終合格を出すこと」に置く。1年次から4年次まで一貫したカリキュラムで学び、試験に備えている。ここで学んだXさんは2014年に合格。外務省から内定をもらった。こうふり返る。

「試験に精通された先生、同じ志を持った同期、行政官として活躍されている先輩方とさまざまな場面で社会問題や国家のあり方について議論し、それらを通して自らの思考も磨かれます。ここで理想の国家について熟考し、自らの経験を振り返り整理した上で、その理想の実現のために何ができるか考え抜いたことが、試験合格後の官庁訪問から内定につながる非常に大きなちからとなりました」

中央大のYさんは総合職試験に合格、文部科学省に内定した。朝8時から夜11時まで大学で勉強したという。こう話す。

「中央大学の学生もまじめですし、静かに勉強に打ち込める環境が整っていると思います。また、公務員として働く先輩も多く、ゼミなどを通じてさまざまなアドバイスをいただきながら受験に臨めたのでとても心強かったです」

法政大のZさんも総合職試験に合格、法務省に内定した。学内の公務員試験講座を受けた。

「Web上で補講を受けられるサポートもあり、一度では理解が不十分なときもわかるまで何度も繰り返し復習することができました。また、講師の方に相談できる機会も設けられており、勉強の仕方や併願先についてアドバイスを受けながら、着実に準備を進め、希望する進路をかなえることができました」

警察官、消防官に強い法政大

国家公務員一般職試験は各省庁の中堅幹部を養成する（以下、「一般職試験」）。総合職は

図表5－3
地方公務員の特別職（警察官、消防官）、自衛官（2015年）

大学	警察官	消防官	自衛官
早稲田大	14	4	6
慶應義塾大	–	–	–
明治大	21	8	3
青山学院大	11	4	1
立教大	9	5	1
中央大	27	8	4
法政大	47	20	6

「大学ランキング2017」から。－は未集計

キャリア、総合職以外の国家公務員はノンキャリと呼ばれる。総合職のほうが一般職よりも省庁内で昇進は早い。だが、最近では、一般職でも優秀な人材が重要なポジションに登用されるようになった。一般職試験では早稲田大、明治大、法政大、中央大が強い。

早慶ＭＡＲＣＨのうち、早稲田大、中央大、明治大、法政大は地方公務員が多い。Ｕターンで地元自治体に就職する学生は結構見られる。

地方公務員の特別職として警察官、消防官をまとめた（図表5－3）。いずれも法政大がもっとも多い。かつては体育会系が多いと言われたが、いまは一般学生でも目指すようになった。そのきっかけは、東日本大震災という学生は少なくない。

公務員である小中高校の教員についてまとめてみ

図表5－4
小中、高校、特別支援学校、幼稚園教員の採用者(2015年)

大学	小学校	中学校	高校	特別	幼稚園
早稲田大	22	56	128	2	0
慶應義塾大	−	−	−	−	−
明治大	0	27	64	0	0
青山学院大	51	34	42	0	11
立教大	38	10	18	1	0
中央大	1	33	60	2	0
法政大	3	27	52	0	0

「大学ランキング2017」から。ーは未集計

た（図表5－4）。どうしても教育学部、教育学科があるところが強い。立教大のBさんは、文学部教育学科初等教育専攻課程出身である。長野県の小学校に勤務する。

「教員免許状取得のために必要な介護などの体験や教育実習に向けて、学校、社会教育講座の方々や教育学科の先生のサポートもあり、安心して準備に取りかかることができるのだと思います」

早稲田大のCさんは、教育学部出身。静岡県で高校教師をつとめる。在学中は教員就職指導室で教えを受けた。

「学校教職経験がある先生方に、親身になって論作文の添削や面接の練習など細かく指導していただきました。また、教員を目指す仲間と指導室で出会えたことも力になりました」

教育学部（学科）がない大学から教員になるケースは少なくない。たとえば、明治大の学生が中学校教員になる場合、学部で取得できる教員免許状は次のとおり。

社会科＝法、商、経営、政治経済、文（史学地理、心理社会）、農（食糧環境政策）、情報コミュニケーション

国語＝文（文学科日本文学、演劇学、文芸メディアの各専攻）

外国語＝文（文学科英米文学専攻＝英語、ドイツ文学専攻＝ドイツ語、フランス文学専攻＝フランス語）、情報コミュニケーション、国際日本

数学＝理工（電気電子、機械工、機械情報工、建築、情報科学、数学、物理）、総合数理（現象数理）。

理科＝理工（化学、物理）、農（農、農芸化学、生命科学）

他の早慶MARCHについて、教員免許取得の概要はこれとよく似ている。明治大情報コミュニケーション学部出身のDさんは、都内の中学校で英語を教える。

「教師になると決意したのは、就職活動が始まってからでした。そこからの道のりは決して簡単なものではありませんでしたが、教職課程の先生の厳しくも温かいご指導や、同じ目標をもつ仲間との出会いを通して、今、なりたかった自分になることができました」

3　進路②――司法試験、公認会計士試験

中央大は都心回帰で復権を狙う

司法試験をみてみよう。中央大の独壇場だった時代がある。1951年から70年まで20年連続1位だった（図表5－5）。法学教育に相当な力を入れており、それが中央大のカラーでもあった。現在、70代以上で大学に関心をもっていれば、中大といえば司法試験と箱根駅伝である。箱根駅伝は1950年から1964年までの15年間で11回優勝し、この期間は司法試験合格者数トップを走り続けていた。

ところが、1970年代半ばに入ると、東京大にトップを譲ることもあった。それでも2位より下になったことはなく、早慶などまったく問題にしていなかった。東大と合格者数を競い合い、「中東戦争」と呼ばれるようになった。

ところが、1980年代半ば、1978年開設の多摩キャンパスの卒業生が増え始めたころから、かげりが見えてきた。中央大は早稲田大に抜かれるようになる。1990年代になると、京都大、慶應義塾大にも追い越され、5位になることもあった。

2004年、法科大学院制度がスタートする。中央大は法科大学院を都心（新宿区市谷本村町）に設立した。司法試験合格者数についていえば結果を出している。2006年から2015年の累計は、中央大が2位となっている。2006年、2012年、2015年は1位だった。多摩に法科大学院を作ったら、これほどの成果は得られなかったと、関係者は見ている。

だが、素直には喜べない。中央大法科大学院入学者のうち、中央大の学部出身者は多くないからだ。少し古いが、2005年では中央大81、早稲田大57、慶應義塾大57、東京大52、一橋大29、明治大9、そのほか295となっている（中央大による集計）。東大＋早慶が中央大の倍以上である。この年の入学者からの司法試験合格者数も、おそらく同じような比率だっただろう。現在はもう少し増えているが、法学部を復権させなければならない、という思いは強い。

前述したように中央大は、法学部の新キャンパス設置（文京区・後楽園を予定）を20

図表5－5　司法試験合格者数

1951年

大学		人
1	中央大	96
2	東京大	79
3	京都大	20
4	関西大	14
5	明治大	11
6	早稲田大	8
6	日本大	8
8	九州大	6
9	東北大	5
10	立命館大	4

1965年

大学		人
1	中央大	154
2	東京大	102
3	京都大	41
4	早稲田大	33
5	日本大	21
6	明治大	17
7	関西大	14
7	慶應義塾大	14
9	東北大	12
10	法政大	10

1996年

大学		人
1	東京大	181
2	早稲田大	108
3	京都大	86
4	慶應義塾大	71
5	中央大	57
6	一橋大	34
7	大阪大	20
8	九州大	16
8	上智大	16
10	明治大	15

2000年

大学		人
1	東京大	198
2	早稲田大	140
3	慶應義塾大	116
4	京都大	108
5	中央大	102
6	一橋大	41
7	同志社大	31
8	大阪大	29
9	東北大	18

法科大学院からの司法試験合格者累計（2006年～2015年）

大学		人
1	東京大	1,823
2	中央大	1,720
3	慶應義塾大	1,627
4	京都大	1,313
5	早稲田大	1,305
6	明治大	741
7	一橋大	704
8	神戸大	569
9	予備試験合格者	527
10	大阪大	490
11	北海道大	467
12	同志社大	461
13	立命館大	438
14	東北大	422
15	九州大	377

（法務省などの資料から）

図表5－6　公認会計士試験合格者数

1951年

大学	人
1　中央大	16
2　一橋大	15
3　神戸大	14
4　東京大	13
5　明治大	8
5　神戸商科大	8
7　早稲田大	7
7　横浜国立大	7
9　慶應義塾大	6
10　大阪市立大	5
11　関西大	4
11　京都大	4
13　九州大	3

1956年

大学	人
1　一橋大	11
2　中央大	10
3　早稲田大	6
4　大阪市立大	5
4　慶應義塾大	5
4　日本大	5
7　東京大	3
7　明治大	3
7　横浜国立大	3
7　京都大	3
11　神戸商科大	1
11　九州大	1

1965年

大学	人
1　中央大	42
2　一橋大	11
2　東京大	11
4　早稲田大	10
4　慶應義塾大	10
6　横浜国立大	8
7　明治大	6
8　神戸大	4
8　大阪市立大	4
8　神戸商科大	4

1972年

大学	人
1　慶應義塾大	48
2　中央大	47
3　早稲田大	22
4　明治大	17
5　東京大	13
6　神戸大	11
7　京都大	10
8　一橋大	9
9　横浜国立大	6
10　同志社大	5
11　大阪市立大	4

2008年

大学	人
1　慶應義塾大	375
2　早稲田大	307
3　中央大	160
4　東京大	114
5　明治大	110
6　同志社大	102
7　一橋大	93
8　立命館大	85
9　神戸大	83
10　京都大	82

2015年

大学	人
1　慶應義塾大	123
2　早稲田大	91
3　中央大	64
4　明治大	56
5　同志社大	33
6　関西大	29
7　神戸大	28
7　関西学院大	28
9　東京大	23
10　専修大	22

所管省庁、大学資料から

22年までにと考えている。法科大学院との連携をめざすなどが理由だが、学部に優秀な学生を集めたいという狙いがある。法学部の都心回帰1期生が法科大学院に進み司法試験を受けるまでは、いまから最短で12年かかる（移転まで6年＋法学部4年＋法科大学院2年）。2028年に結果は出る。1960年代の栄光を取り戻すのには時間がかかりそうだ。

慶應義塾大は企業法務に強い弁護士を養成

法科大学院制度が始まったとき、早慶MARCHは同じスタート地点に立っているはずだったが、教育環境はすでに大きく違っていた。定員数である。中央大、早稲田大は300、慶應義塾大260、明治大200、法政大100、立教大70、青山学院大60。

これでは、合格者数で早稲田大、中央大、慶應義塾大に対して、ほかの4校が競えるわけがない。現在、法科大学院全体の志願者が減少傾向にあるため、各校は定員を減らしている。中央大と早稲田大は270、慶應大230、明治大170、法政大60、立教大は50、青山学院大は35となった。司法試験合格者数は定員に見合った数字になっている。

司法試験合格率は高いほうから、慶應義塾大45・5％、中央大35・7％、早稲田大30・7％、法政大17・6％、明治大14・6％、立教大10・7％、青山学院大7・3％。法科大学院出身でも半分以上、大学によっては8割以上が、法曹資格を持っていない。青山学院大は危険水域にあり、立教大も厳しい。司法試験に受からないという観点で法科大学院制度そのものが失敗といえるが、いまのところ、抜本的な改革は行われていない。

もっとも、法科大学院がかかげる法曹養成教育は時代に合った内容が盛り込まれ、評価できるところも多い。そこには各校それぞれの特徴がある。法曹に進んだ者にはそれが反映されている。たとえば、学んだことを企業法務に生かせる。また、各校それぞれ得意分野をアピールしており、それが修了者の仕事に生かされる。たとえば、企業法務に強い法科大学院修了者は企業の顧問弁護士となって、M&Aや危機管理に手腕を発揮するなどだ。慶應義塾大はビジネスに強いというカラーが法曹養成にも反映されているようで、OBOGには企業法務を手がける弁護士が多い。

Eさんは、慶應義塾大法科大学院出身。日本の商社の海外オフィスで企業間紛争やM&A案件などを担当している。こうふり返る。

「『質問を受け、その場で一生懸命考えて短時間で答える』――これは法科大学院で要件事実論の田中豊先生の授業を受けていた頃の光景ですが、現職の仕事中の電話対応も同じです。こういう緊張感を伴いながら頭を使う訓練が仕事の全てで役に立っています。また、渉外法務WPでM&Aについて学びましたが、今思うと実務的なことを教えていただいたのだなと思います」

Fさんは、立教大法科大学院出身。名古屋地裁の裁判官をつとめる。こうふり返る。

「立教のソクラティック・メソッドによる授業は、予習を十分にしたつもりでも思いがおよばなかった質問を受けることが多く、緊張の連続でした。すべての授業が現在の仕事の礎をつくってくれましたが、特に印象に残っているのが『模擬裁判（刑事）』です。裁判官役を務める中で、証拠の採否決定等の手続進行を通して、それまでの講義や演習で学んだものを実践することで、法律知識を実務で生かす力を高めることができました」（立教大ウェブサイト）

ソクラティック・メソッドとは対話形式の授業である。よほどの準備をしておかないと授業についていけず、脱落してしまう恐れがある。

公認会計士試験で火花を散らす中央大、明治大

慶應義塾大が公認会計士合格者数トップを41年間、続けている。商学部を中心にモチベーションが高い学生が集まっており、研究室、サークル、個人でダブルスクール通学などさまざまな勉強方法で合格者数を高い水準で維持している。公認会計士三田会という大きな同窓会組織がある。もっとも三田会が組織をあげて試験対策で強力にバックアップするというわけではない。

公認会計士合格者数の歴史をふり返ると、1960年代まで中央大が圧倒的に強いことがわかる（図表5－6）。司法試験合格者実績とともに、このころ、「資格の中央」と呼ばれ、受験生にも周知されていた。商学部の難易度もかなり高くなっている。

しかし、1970年代に、慶應義塾大にトップを奪われ、早稲田大にも抜かれてしまう。司法試験と同様、多摩移転の影響によるという見方が学内に根強い。だが、中央大はここからはずいぶんふんばり、3位の座をキープし続けている。レベルを下げることを良しとしなかった。明治大が目の前まで迫ってきてはいるが、譲ろうとしない。2位奪還を目ざしている。

中央大は、合格者は中身で勝負といわんばかりに、合格者の好成績、低学年、現役比率をこうアピールする。公認会計士試験の2012年度合格者で全国総合1位、2013年度は最年少19歳合格3人、2014年度は1年生合格者、現役合格率46・7％（全国平均は29・3％、慶應は44・7％）。

こうした合格実績を生み出したのが、中央大の学内に設置された経理研究所の公認会計士試験対策の授業である。専任講師10人はいずれも公認会計士、合格者30人から成る個別対応、すべての講義をウェブサイト視聴、個人研究室の完備など。

試験合格者のGさんが話す。

「勉強方面で先生方にいつも的確なアドバイスをいただきました。一人ひとりじっくり向き合ってくださるので、受講生にとってプライベートな相談もできるカウンセラーのような存在です。くよくよしやすい私は毎週のように先生と1対1で話し込みました」

明治大国家試験指導センター経理研究所は公認会計士試験を支援する。Zさんはここに通うために明治大に入学して、試験に合格した。こう話す。

「経理研では自分専用の自習室で勉強したり、合格後の就活サポートを利用したりしました。同じ目標を志している仲間と出会うことができます。友達と切磋琢磨し励まし合って、長い勉強生活を乗り越えてきました」

4　進路③――業種別、人気企業別

慶應義塾大法学部と総合政策学部の違いは？

大学によっては就職先として強い業種、企業がある。学部学科の規模や構成のなせるわざかもしれないが、むかしからの伝統もある。時代のニーズに合わせて新規開拓業種もある。いま、早慶ＭＡＲＣＨはどんな業種に多くの人材を送っているのか。どの企業を得意とするかについて眺めてみよう。（以下、２０１５年卒業生の進路）

早稲田大は金融業21・1％、メーカー17・9％、情報通信業12・2％、商業9・8％となっている。学部のなかで金融・保険業就職者がもっとも多いのは、政治経済、商、法の3学部であり、三菱東京ＵＦＪ銀行、みずほフィナンシャルグループが多い。メーカーが多いのは先進理工、基幹理工、スポーツ科学の3学部である。東芝、トヨタ自動車、パナソニックが多い。

早稲田大といえばマスコミのイメージがあるが、就職者の比率はそれほど多くはない。マスコミ全体の採用者枠が大きくないこともあるが、マスコミ志望の学生が少なくなったことがあげられる。学部では文、文化構想の2学部のみ10％台であり、NHKがもっとも多い。前述した公務員志向については、法学部がもっとも高い。東京都、国家公務員一般職、国家公務員総合職の順になっている。

社会科学部出身のHさんは三井住友信託銀行で働く。東北出身で高校時代に東日本大震災を経験した。

「震災直後は多くの建物が倒壊し活気を失った街が、建物の再建とともに復興の気運が高まっていく様子を見て、街づくりに関する仕事に携わりたいと考えるようになりました。ゼミナールなどをとおして財務や金融についての知識も備わっていたため、双方に関連の深い信託銀行を選び、現在はリテール部門の担当としての第一歩を踏み出しました」

慶應義塾大は金融・保険業25・1％、製造業22・0％、情報通信業15・8％。学部のなかで金融・保険業就職者がもっとも多いのは、経済学部の37・5％。法、商学部も30％を超えている。情報通信業では環境情報学部が強く、30％を超えた。NTTコミュニケーションズ、ソフトバンクがおもな就職先だ。公務員が多いのが法学部、少ないのは総合政策学部である。両学部は政策立案という学問テーマとして通底するところはあるが、カラーがあまりにも違いすぎるようだ。不動産業がもっとも多いのが総合政策学部。土地開発にベンチャー的な期待感を寄せたのかもしれない。

大学院理工学研究科修了のIさんは中外製薬に勤務する。こう話す。

「就職活動では、研究で身につけた論理的思考やプレゼンテーションスキル、向上心や熱意のみならず、沖縄滞在や留学で培った、多角的かつ客観的な視点で考える力が役立ちました」

明治大は、金融・保険16・1％、製造16・2％、情報通信14・1％。早慶ほど一つの業種に突出感はなく、バランスがよい。学部のなかで金融・保険業就職者がもっとも多いのは、経営学部22・9％、政治経済学部22・0％、商学部20・0％。公務員は法学部に多く、経営学部に少ない。情報通信業では情報コミュニケーション学部が22・0％で高く、日本郵政グループ、ソフトバンクグループへの就職者が多い。

法学部のJさんはUターン組として北海道銀行で働く。就職活動の重要性をこう説く。

「徹底的に自分自身を見つめ直し、自分の考え、適性に合った就職先を見つけることです。

十分な自己分析を行った上で、会社説明会への出席やOBOG訪問を積極的に行い、興味のある企業を深く知ることで納得できる就職活動ができると思います」

法政大自主マスコミ講座からアナウンサーへ

青山学院大を学部別にみてみよう。法学部はサービス業25・1%、金融・保険業29・4%、公務員7・8%。経営学部はサービス業26・9%、金融・保険業23・9%、公務員1・8%。総合文化政策学部はサービス業41・0%、金融・保険業16・7%、公務員1・5%。早慶MARCHのなかで公務員志望がもっとも少ない。サービス業の多くは女子学生によるものだ。

それを象徴する内定者として、文学部のKさんがいる。就職先はイッセイミヤケに決まった。

「進路・就職センターでは、ESの添削や面接対策の講座を受け、実際の面接では、スキーサークルで50人ほどの部員を幹部としてまとめた経験を、笑顔を絶やすことなく伝えきりました。入社後は全力で仕事に取り組み、いつかコレクションで活躍して世界中にブランドをアピールしたいです」

総合文化政策学部のLさんはサンリオに就職した。

「エンターテインメントを通じて、人がつながるきっかけを創出したいです。新商品のプロモーションなどに携わり、私の代わりはいないと思ってもらえるようなオンリー・ワンの存在を目ざします」

立教大も学部別で示す。経済学部は金融・保険業37・5％、製造業13・1％、卸・小売り11・2％。異文化コミュニケーション学部は卸・小売り21・6％、金融・保険業16・7％。現代心理学部はサービス28・1％、卸・小売り16・2％。観光学部はサービス22・9％、運輸・通信20・2％で学部の特徴を表しており、就職先は星野リゾート、エイチ・アイ・エス、日本航空、JTBコーポレートセールスというのは合点がいく。公務員が多いのは法学部の11・9％となっている。

中央大は学部別に人数で示す。法学部が公務員251人、金融・保険207人、メーカー117人。経済学部は金融・保険192人、メーカー103人、卸・小売り94人。商学部は金融・保険227人、メーカー129人、卸・小売り122人。総合政策学部はメーカー34人、卸・小売り24人、金融・保険23人となっている。

経済学部経済学科のMさんは朝日新聞社で働く。こう話す。

「授業では、実際に社会で起きている問題を題材にしながら、経済活動について学ぶ機会も多いので、ニュースで報道される話題を自分なりに分析し、今後の社会を考察する力が身に付きました。僕の場合、自分で見聞きしたものを記事にして人に読んでもらう『記者』という職業に惹かれて、新聞記者を志望するようになりました」

法政大は学部別に比率で記す。法学部は金融・保険17・7%、サービス13・7%、製造12・2%、社会学部は、卸・小売り9・6%。社会学部は金融・保険13・9%、サービス13・7%、製造14・2%、マスコミ10・9%となっている。マスコミの比率が高いのは、自主マスコミ講座によるものである。同講座はアナウンサー、放送、新聞・報道記者、出版などのコースがあり、最近、立て続けにキー局アナウンサー採用者を出している。2014年度は57人が採用されている。同講座出身者の1人、社会学部のNさんはNHKの記者職として就職した。1年次から講座に通っていた。こうふり返る。

「3年次になり具体的に志望が固まってから、仲間と模擬面接をしたり、互いにエントリーシートを添削し合ったりするなか、刺激を受け良い緊張感を持つことができました」

第6章　早慶ＭＡＲＣＨの出身者の活躍を知る

1　政治家編——慶應2世3世議員の面々

第3次安倍晋三内閣（2015年10月発足）の閣僚で早慶MARCH出身者は次のとおり。

●早稲田大

岸田文雄　外務大臣（衆、広島1区）

●慶應義塾大

石原伸晃　内閣府特命担当大臣、経済再生担当、社会保障・税一体改革担当（衆、東京8区）

石破茂　内閣府特命担当（地方創生）大臣（衆、鳥取1区）

河野太郎　行政改革担当、内閣府特命担当（防災）大臣　国家公安委員会委員長（衆、神奈川15区）

●青山学院大

高木毅　復興大臣（衆、福井2区）

●中央大

遠藤利明　東京オリンピック競技大会・東京パラリンピック競技大会担当（衆、山形1区）

●法政大

菅義偉　官房長官（衆、神奈川2区）

〈発足時は甘利明が内閣府特命担当大臣に任命されたが、まもなく大臣を辞して、石原伸晃に交代〉

国会議員の出身大学をさまざまな角度からまとめた（図表6－1）。はたして、国会議員は出身大学によって特徴を見いだせるだろうか。この命題、早慶MARCHについていえば、ある程度は成り立ってしまう。その顕著なケースが慶應義塾大だ。同大学出身の議員は2世3世が多い。その数は他大学と比しても突出する。前記の閣僚3人はすべて2世である。ほかに2世3世議員は、加藤鮎子、丹羽雄哉、船田元、福田達夫、橋本岳、越智隆雄、奥野信亮、松野頼久、小坂憲次、小沢一郎など。父親は総理大臣、閣僚経験者がズラリと並ぶ。

図表6－1　政治家

国会議員の出身大学（政党別）

出身大学	自民党	公明党	おおさか維新	民進党	共産党	全議員
早稲田大	46	2	2	21	2	78
慶應義塾大	55	4	2	16		87
明治大	14	1				16
青山学院大	6	1		3		10
立教大	4			1		5
中央大	22	1		5	1	31
法政大	8			3		11

国会議員の出身大学（議員になる前の職業）

出身大学	官僚	法曹	地方議員	マスコミ	大学教員
早稲田大	2	5	37	11	7
慶應義塾大	1	1	16	15	13
明治大		3	9		2
青山学院大			5	1	
立教大		1	2		1
法政大			7	1	1
中央大		4	14	4	4

国会議員の出身大学（女性、2世3世）

出身大学	女性	2世3世
早稲田大	7	17
慶應義塾大	6	43
明治大		2
青山学院大	1	1
立教大		1
法政大	2	2
中央大	1	9

国会議員のウェブサイトから集計

いつのころからか、政治家は子弟子女を慶應、しかも幼稚舎から入れたがるという風潮ができあがった。慶應では小学校から大学にいたるまで、政治的な指導者になるための養成教育などいっさい行っていない。そんな授業科目などあるわけがない。文科省が定めた基準にしたがっている。ということは、慶應に入れる目的は教育そのものよりも、ブランド力である。幼稚舎から大学まで入り口はやたら難関である。相当な準備が必要だ。端的にいえばお金であり、そこから作られる環境である。政治家ならば難しいことではない。

政治家にとってブランド力がありがたいのは、同じような階層が集まることである。クラスに父親が政治家の子どもがいる、ということは大きい。いわばエスタブリッシュメントの集まりの中で育つことに、大きな意味がある。慶應に入れたがる親はそう感じているだろう。

雄弁会はぱっとしない

早稲田大出身の政治家には2世3世がそれほど多くないが、目立つポジションにいる。岸田外務大臣もその1人だ。元文科大臣の渡海紀三朗の父、内閣府副大臣の高鳥修一の父はいずれも大臣経験者である。民進党の赤松広隆の父は日本社会党副委員長であり、本人も同党書記長をつとめ、民主党政権時代は農林水産大臣に就いている。

国会議員の出身大学において、慶應は2世3世、東大は官僚という図式が浮かび上がるが、早稲田大はきれいにあてはまらない。出身、主義主張がバラバラだが、妙に存在感を示す。女性初の総理大臣という声も出る稲田朋美、市民運動出身で反体制の立場のほうがいきいきする辻元清美、広告会社のようなセンスで政権を支える世耕弘成、日銀出身で社会保障の理論家で自慢の大塚耕平、失言ばかりが話題になる「行列」出身弁護士の丸山和也、元プロ野球選手だがいまいちかげが薄い石井浩郎、日本共産党でアイドル的な存在である吉良よし子と田村智子、不倫で辞職した宮崎謙介とその妻の金子恵美など……。

早稲田大といえば、国会の場でかつて雄弁会が大きな勢力を誇っていた。石橋湛山、竹下登、海部俊樹、小渕恵三、森喜朗と総理大臣が輩出した。青木幹雄、西岡武夫、渡部恒三、三塚博、藤波孝生、石田博英、松永光など、それなりににらみが利く大物感があった。現職では、下村博文、安住淳、荒井広幸などがいるが、迫力に欠ける。

明治大出身にはあまり名誉でないことで注目される政治家がいた。熊本地震の際、内閣副大臣で現地対策本部長の松本文明が差し入れ弁当に「これでは戦えない」と文句を言ったことに批判が集まってしまう。渡邉美樹は経営者として名をなしたが、政治的手腕が評価されるまでにはいたっていない。経営していたワタミがブラック企業として批判されることのほうが話題になる。

笹川博義は元日本船舶振興会会長・笹川良一の孫。元衆議院議員で自民党総務会長だった笹川堯《たかし》の子どもである。笹川一族と関わるヤマト発動機社長もつとめた。大物政財界の系譜を背負っているが、国会内で目立ってはいない。

法政は地方議員出身で経験豊富

青山学院大出身者は少ないが、有名人はいる。大学のカラーを象徴するような議員が、蓮舫だ。青学はタレント、モデル、ミュージシャン、俳優を多く送り出してきた。蓮舫は幼稚園から大学まで青学に通い、在学中、クラリオンガールとしてモデルでデビュー、バラエティ番組の司会から、報道番組のキャスターとなり、国会議員となった。民主党政権時代、仕分け作業で注目を浴び、内閣府特命担当大臣（行政刷新担当）、総理大臣補佐官をつとめ、将来は女性初の総理に、という声まであがった。

松木謙公は多くの政党を渡り歩いた。1990年代から自民党、自由党、民主党、新党大地、維新の党、そして、2016年民進党の結成に加わった。この間、小沢一郎と良好な関係を保ち続けている稀有な政治家だ。

もう1人、出身者で不名誉な話題を提供しているのは、復興大臣の高木毅である。週刊誌で「下着泥棒」とかき立てられるが、本人は頑なに否定する。

中央大出身は、大学の得意分野が政治の世界にも生かされている。法曹出身の国会議員が見られる。高村正彦は弁護士出身。四つの政権で外務大臣をつとめるが、法務大臣も経験している。保岡興治は裁判官、弁護士を経験。2000年代、福田康夫、森喜朗政権で法務大臣をつとめている。核武装の検討、原発の再開、女性宮家の創設に反対、日本のTPP参加に反対など、保守色、ナショナリズムを鮮明に打ち出す。若狭勝は東京地検特捜部副部長、東京地検公安部長などをつとめたあと、弁護士に転身し、ワイドショーのコメンテーターを数多くこなす。自民党議員としてはめずらしく選択的夫婦別姓に賛成の立場をとる。

法政大出身者には地方議員からのたたき上げ感が漂い経験豊富だ。菅官房長官がその典型であろう。横浜市市会議員を2期つとめてから国会に臨んだ。辣腕ぶりは市会議員の頃から有名だった。大学在学中、同じころに沖縄県知事の翁長雄志も通っていたが、接点はない。田中正徳は川崎市議会議員、神奈川県議会議員を務めたあと国会へ。長男が県議会議員である。木内均は佐久市議会議員を務めたあと、佐久市長選挙に立候補したが落選する。その後、長野県議会議員を経て国会議員となった。山本拓は福井県議会議員出身、秋本真利は富里市議会議員を8年務めた。自民党議員のなかでは数少ない原発反対派。民進党のほうの金子恵美は福島県伊達市議会議員出身である。

地方自治体議会議員出身者は、早稲田大、明治大、中央大が多い。1970年代〜90年代、これらの大学には地方出身者が多く、卒業後はUターンして地元に就職したり、家業を継いだりする学生が少なからずいる。地域の商工会議所、農協、青年会議所、地元選出国会議員秘書などを経て自治体議員、国会議員になるというケースだ。

遠藤利明・東京オリンピック競技大会、東京パラリンピック担当大臣は、山形県選出の国会議員秘書を務めていた。菅官房長官は出身の秋田に戻らず、神奈川県内に拠点を作って政治活動を始めている。

2　社長編――女性社長で青学、立教が健闘

北海道、東北、北陸、甲信越の企業の社長は早明中法に多い

社長の出身者大学ランキングは、ある程度、卒業生数と比例する。早慶、明治、中央など大規模大学が強い（図表6－2）。

地域に拠点（本社所在地）をおく企業をみるとなかなか興味深いことがわかった。

北海道、東北、北陸・甲信越の企業社長には明治大、早稲田大、中央大、法政大が多い。偶然なのか、必然なのか。社長の年齢を50歳以上とすれば大学入学時は1980年代半ば以前である。このころ、4大学の入学者は、北海道や東北、北陸・甲信越地方に多かった。Uターン学生が地場産業でがんばった結果とみていい。

一方で、関西、中四国、九州沖縄で慶應義塾大がもっとも多い。西日本は関関同立プラ

図表6－2　社長の出身大学

全企業

大学	人
1　日本大	22,196
2　慶應義塾大	11,440
3　早稲田大	10,826
4　明治大	9,373
5　中央大	8,337
6　法政大	6,769
11　青山学院大	3,984
13　立教大	3,951

一部上場

大学	人
1　慶應義塾大	152
2　東京大	120
3　早稲田大	113
6　中央大	36
7　明治大	34
11　青山学院大	25
15　法政大	21
15　立教大	21

女性

大学	人
1　日本大	222
2　慶應義塾大	198
3　早稲田大	194
4　青山学院大	181
6　立教大	122
9　明治大	116
10　法政大	104
14　中央大	81

「大学ランキング2017」から

ス近畿大が強い。相対的に前記4大学には西日本出身は少ない。こうしたなか、慶應義塾大が早慶MARCHでトップなのは、メーカーや金融など全国規模で展開している企業に就職者が多いからだろう。彼らが数十年後、西日本で全国展開企業のグループ会社社長におさまる。慶應義塾が西日本で根を張った理由である。

立教大、青山学院大はもともと首都圏型であり、女子学生が多かったので、地方の企業社長の数は増えない。男女雇用機会均等法以前の時代であれば、地方転勤がある総合職に女子が少なかったこともある。また、首都圏出身の女子にIターン、つまり見知らぬ土地で就職するという発想はなかったのである。

一方、女性社長で明治大、法政大、中央大を上回っているのは、1980年代半ば以前の女子学生数に起因する。1977年の女子学生数は青山学院大4571人、立教大3236人となっている。これに対して法政大2683人、明治大2498人、中央大2904人である。女子の母数が多い分、それだけ社長になる機会が増えてくる。

個別に大学を見てみよう。

早稲田大出身には篠辺修・全日本空輸社長、広瀬道明・東京ガス社長、宮原道夫・森永乳業社長、野本弘文・東京急行電鉄社長、根岸秋男・明治安田生命保険社長、亀山千広・フジテレビ社長、奥山真司・P&G社長、柳井正・ファーストリテイリング社長、若林久・西武鉄道社長、鳥海智恵・野村信託銀行社長など、バラエティに富む。

篠辺修、野本弘文の両社長は理工学部出身。技術畑からトップにのぼりつめた。

鳥海・野村信託銀行社長は、1989年に男女雇用機会均等法2期生として野村證券に総合職で入社。2014年から現職。大学パンフレット（2016年度）でこう話している。

「教養の深さはビジネスの場において相手が信用に足る人物かどうかを判断する物差しの一つでもあり、特に海外の方とやりとりするときにそれを実感させられます。早稲田には自由を重んじるなかにも主体性をもって挑戦する学生を後押ししてくれる風土がありますから、積極的に知見や教養を広げることをおすすめします」

一族経営企業の社長は慶應義塾大出身

早慶MARCHのなかでは、全企業、一部上場企業いずれも慶應義塾大がトップである。卒業生が多く一部上場企業へ就職する者が多いから、慶應には財界の2世3世が目立ち世襲で社長になる者がたくさんいるから、といえよう。その企業で慶應閥が強いから、あるいは三田会がバックアップしたから、というわけではない。いま、学閥はほとんど機能しなくなっている。また、三田会が組織的に動いて同窓を社長にしようとすることもない。数の論理プラス世襲に尽きる。

たとえば、豊田章男・トヨタ自動車社長、佐治信忠・サントリーホールディングス会長である。豊田家、佐治家は、子どもたちを慶應に入れたかったのだろう。慶應義塾大で帝王学を学ぶわけではない。慶應にビジネススクールはあるが、そこでマーケティングや販売戦略を学んでMBAをとってはいない。政治家が子弟子女を慶應に入れたがることと同じ発想で、目的は学校、大学のブランド力である。箔を付けると言い換えてもいい。

財界一族とは縁がなくても社長になる慶應出身者はたくさんいる。最近の傾向でいえば、商社やメーカー勤務後、海外のビジネススクールでMBAを取得。ここで培われた知恵、技術、ネットワークで会社経営に乗り出す。その代表選手が、新浪剛史氏だろう。三菱商事、ハーバード大ビジネススクール、ローソン社長、そして、2015年、サントリーホールディングス社長に就任した。玉塚元一氏は旭硝子、ケース・ウェスタン・リザーブ大ビジネススクール、ファーストリテイリング社長、ロッテリア会長、そして、ローソン社長となった。

慶應を出てからビジネススクールに通わなくても、在学中に会社を起こせばいい。そんな気運を高める役割を果たしたのが、SFCだ。正規の授業でベンチャービジネス、起業のあり方について学べる。それを実践する学生が現れても不思議ではない。クックパッドの佐野陽光さん、石田宏樹・フリービット社長など。SFCの特徴である起業精神が、IT関連ビジネスの興隆と見事にマッチした結果だ。彼らの存在が時代とぴったり合ったと言える。

明治大は北畑稔・レナウン社長、原田英明・明和地所社長、細貝理栄・第一屋製パン会長、志村康洋・京王プラザホテル社長、磯昭男・前田道路会長など。

青山学院大は小路明善・アサヒビール社長、藤田晋・サイバーエージェント社長、島田良介・日本電技社長、岡野教忠・リケン社長、本間博夫・不二越社長、大嶺満・沖縄電力社長など。

青学が多くのミュージシャンを生んだ土壌であることは、社長に少なからず影響を与えている。小路明善社長は、学生時代、フォークソングを奏でることに夢中だった。いまは、こんなおしゃれな話をする。

「米国の小説家レイモンド・チャンドラーが代表作で書いた『強くなければ生きていけない、優しくなければ生きていく資格がない』というせりふが好きだ。その言葉を会社経営に重ね、『強いブランド、財務体質がなければ勝ち抜いていけない、だが優しい社風がなければ企業としての価値がない』と語る」（毎日新聞2016年2月10日）

サイバーエージェントはエイベックス・デジタルと共同出資して「ＡＷＡ（アワ）」を設立した。これは、Ａｎｄｒｏｉｄ／ｉＯＳ向けアプリであり、数百万曲を用意し、２０

15年末までには1000万曲の提供を目標としている。サブスクリプション型（定額制）の音楽配信サービスに力を入れる。

野村證券、小学館、産経新聞社長には中央大出身

立教大は峰岸真澄・リクルート社長、笠間達雄・リズム時計工業社長、永田正・京王電鉄社長など。

1980年代後半、バブル期の前夜、大学では広告研究会、プロデュース研究会といったサークルが企業からの協賛金をもらって、さまざまなイベントを行っていた。その代表格として大学横断型の組織「キャンパス・リーダーズ・ソサエティ」があった。峰岸はその代表を務めたことがある。リクルートも協賛企業だったこともあり、峰岸は同社に入った。

峰岸社長は在学中に学園祭を復活させることに奔走したという。こうふり返っている。「学園祭の実施は『ユニバーシティ・アイデンティティ』に関わる問題だという意識を共有し、積極的に仲間を巻き込んでいきました。また、参加するサークルなどの団体には、例えば出店で使用するガスは自分たちで準備してもらうなど、主体性を持ってそれぞれの

役割を果たしてもらい、次年度以降も一つ一つのノウハウが全員で共有されるような仕組みを作ったのです。これらはまさに、リクルートの企業文化である『圧倒的な当事者意識』であり、『個の可能性に期待する場』を設定するという考えにつながるエピソードです」(季刊「立教」235号、インタビューは2015年12月)

中央大は渡邉健二・日本通運社長、永井浩二・野村證券社長、相賀昌宏・小学館社長、熊坂隆光・産業経済新聞社社長、茂木哲哉・文化シヤッター社長、金子眞吾・凸版印刷社長、鈴木修・スズキ社長、米山勉・ヨネックス社長、進藤中・山梨中央銀行頭取、上西京一郎・オリエンタルランド社長、久代信次・東京ドーム社長。

法政大は三浦善功・日清食品社長、竹中宣夫・ミサワホーム社長、酒井裕・精養軒社長、森岡篤弘・日成ビルド工業社長などがいる。

竹中宣夫社長はこう話している。

「法政大学が第一志望でなかった人もたくさんいるでしょう。しかし、自分はどこにいっても、どんな服を着ても、どんなポジションについても、一生涯法政OBOGなのです。であるならば、もっと法政OBOGであることに誇りをもって、人生を過ごしたほうがいいと思います」

3　文化編――校風が出る作家、タレント

受験生向けの大学案内には著名なOBOGが紹介されることがある。たいがいは、そのとき、もっとも「旬」な人が選ばれている。大学にすれば「いま、人気の俳優やスポーツ選手が、わが大学で学んでいました」と訴えることで、親近感を持たせたいという狙いがあろう。

たとえば、中央大の大学案内（2016年度）には弁護士の大渕愛子さんが登場する。『行列ができる法律相談所』などバラエティ番組に出演するなどタレント色が強いので、受験生には馴染みがあるだろう。大渕さんは、そのお嬢さま的ないでたちから「慶應っぽい」と評する人がいる。

このような著名人OBOGを見て、「意外」もあれば、「納得」と感じることもある。人それぞれだ。それは、大学の特徴と著名人OBOGのイメージが合ったり、合わなかった

りするからだ。とくに芸能人は役柄のイメージが先行しすぎて、それが出身大学を見る目に影響を及ぼすことがある。

大学が芸能人の特徴を作るのか。芸能人が大学を特徴づけてしまうのか。早稲田大の菅原文太と北大路欣也を、慶應義塾大の石坂浩二と加山雄三と入れ替えたところで、想像できない。1950年代、60年代のバンカラVS.スマートという固定観念のなせるわざである。

しかし彼ら4人について、30代以下はなかなか馴染みがない。早稲田大の藤木直人と慶應義塾大の櫻井翔はどうだろうか。早慶を入れ替えても違和感はない。青山学院大の椎名桔平と中央大の阿部寛。そして、明治大の向井理と中央大の長谷川博己。これらから何かを導き出すのは無理である。大学の特徴にそれほど違いがなくなった分、「早稲田大らしさ」「青山学院大っぽい」というものを、著名人OBOGにあてはめるのはむずかしくなったからだ。

それでも、出身大学を見て、「納得」「意外」と思ってしまうのは、大学に何らかのイメージを持っているからだろう。そのイメージを破るようなOBOGが出ているようであれば、早慶MARCHは変わったということになる。7校の文化面(作家、芸能人など)でのOBOGを概観する。

（1）早稲田大

まず、作家である。芥川賞、直木賞受賞者はいずれも早稲田大出身者がもっとも多い。
芥川賞＝三田誠広、高橋三千綱、小川洋子、辺見庸、多和田葉子、保坂和志、堀江敏幸、綿矢りさ、絲山秋子
直木賞＝朝井リョウ、重松清、乃南アサ、高橋克彦、連城三紀彦、三浦しをん、藤田宜永、角田光代、五木寛之

このうち、小川さんと堀江さんは、現在、芥川賞選考委員をつとめている。

そのむかし、早稲田大では平岡篤頼さんという文芸評論家が教えていた。彼の元で学んだのが重松清さん、堀江敏幸さん、小川洋子さん、角田光代さんである。時を隔て、朝井リョウさんが作家になりたくて、早稲田大へ入った。堀江さんのゼミを受けるためである。

朝井さんはこう話している。

「どこの大学を受けるか決めるとき、パラパラ見ていたパンフレットの中に「堀江敏幸」という名前を見つけて。その直前ぐらいに解いていたセンター試験の過去問に、堀江先生の作品が使われていたのを覚えていたんですよ。なので、『この大学に受かったら、作家

に会えるんだ』と思ったんですよ」（早大生のための総合情報誌「MILESTONE Express 2016」）。

芸能人。北大路欣也、加藤剛、渡瀬恒彦、風間杜夫、長塚京三、内野聖陽、平田満、藤木直人、堺雅人、吉永小百合、室井滋、広末涼子、大橋巨泉、永六輔、タモリ、佐藤Ｂ作、ラサール石井、上田晋也、小島よしお、箕輪はるかなど。このうち退学が何人かおり、4年で卒業は少ない。最近では、ＡＫＢ48の元メンバー仲俣汐里、フジテレビでキャスターも務める市川沙耶などがいる。

ミュージシャンでは小田和正、小室哲哉、サンプラザ中野、デーモン小暮など。

（2）慶應義塾大

作家には大沢在昌、鈴木光司、荻野アンナ、玄侑宗久、荒俣宏、池井戸潤、金城一紀など。

ジャーナリスト、評論家には池上彰、木村太郎、森本太郎、福田和也、泉麻人など。

芸能人は石坂浩二、加山雄三、檀ふみ、中村雅俊、別所哲也、小出恵介、櫻井翔、水島ヒロ、紺野美沙子、ふかわりょう、中田敦彦、二階堂ふみ、トリンドル玲奈、ミッツ・マングローブなど。

ミュージシャンには竹内まりや、一青窈、松任谷正隆、千住真理子など。

池井戸潤さん原作の『半沢直樹』（書名は『オレたちバブル入行組』『オレたち花のバブル組』）と『下町ロケット』がTBSドラマとなり高視聴率を得たが、このときの番組制作担当者は福澤克雄さんで、慶應義塾大OBであり、福澤諭吉の玄孫にあたる。

慶應義塾大は、毎年、ミスコンを行っている。その上位入賞者、エントリー候補がテレビ局アナウンサー、キャスターになることが多い。
＊日本テレビ　小野寺麻衣、宇内梨沙、鈴江奈々
＊TBS　青木裕子、小川知子、福澤見菜子
＊フジテレビ　田代優美、中野美奈子、小澤陽子、秋元優里、細貝沙羅
＊テレビ朝日　竹内由恵、桝田沙也香
＊テレビ東京　秋元玲奈
＊NHK　與芝由三栄
2016年度の慶應義塾大大学案内に登場する阿川佐和子さん（作家、エッセイスト）は慶應の絆の強さを評価する一方で、こんな注文をしている。

「慶應以外の人たちとの関係を築いたほうが、見えるものは広がっていくんじゃないかと

思います。同じような境遇の人だと気持ちや考え方が合うかもしれませんが、世の中、そういう人ばかりではないということを身をもって経験することも重要ではないでしょうか」

慶應だけでつるむな、と言いたいように感じる。

(3) 明治大

作家には落合恵子、喜多嶋隆、天童荒太、中沢けい、羽田圭介、藤原智美、盛田隆二、山田詠美など。評論家の井崎脩五郎、荻原博子など。

漫画家はいしかわじゅん、片山まさゆき、かわぐちかいじ、田島みるく、とり・みき、成田アキラ、三田紀房、横山まさみちなど。

羽田圭介さんは、2015年下半期芥川賞を受賞する。同時に又吉直樹さんの「花火」が受賞したことによって、「じゃないほう……」と言われたが、羽田さんはメディアに登場してかぶり物などサービス精神旺盛な振る舞いで、かなりの存在感を示した。羽田さんは高校1年のとき、2歳上の綿矢りささんが文藝賞を受賞したのを機に作家を目指すようになった。そして「黒冷水」で文藝賞を受賞。17歳だった。

羽田さんは明治大ではこんな学生生活を送っている。作家として認知されてはいた。「入学した時やコンパの時は『ああ、彼か』みたいな感じでしたが、在校生にとってはそんなに大したことではないというか。大学入って自分の身辺が変わったことに忙しくて他人のことに構っていられないって感じですよね。自分の大学生活をエンジョイすることに必死で、僕も別に作家として大学に入ったという感じはなかったです」(「WEB本の雑誌」2015年10月21日)

芸能人は小林旭、松原智恵子、田中裕子、八名信夫、西田敏行、大杉漣、夏木陽介、黒田アーサー、渡辺正行、三宅裕司、柴田理恵、原田大二郎、福留功男、大川豊、向井理、山下智久、北野武、なべおさみ、藤森慎吾、水道橋博士、北川景子、井上真央、原田夏希、川島海荷、山本美月、伊野尾慧、小山慶一郎など。ほかにTBSアナウンサー安住紳一郎、ファッション誌専属モデルの泉里香(『Ray』)、浦浜アリサ(『JJ』)。ミュージシャンに宇崎竜童、阿木燿子、宮沢和史など。

(4) 青山学院大

作家はあさのあつこ、菊地秀行、堂場瞬一、柴田よしき、ねじめ正一、姫野カオルコ、松浦理英子、森村誠一。ねじめと姫野は直木賞を受賞している。詩人の伊藤比呂美、脚本家の一色伸幸、コラムニストの山田美保子、ジャーナリストの横田由美子など。

芸能人は渡哲也、竹脇無我、椎名桔平、高橋克典、鈴木浩介、勝野洋、渡辺大、加藤成亮、名取裕子、寺島しのぶ、麻生祐未、星野真里、小林恵美など。

ミュージシャンは桑田佳祐、原田真二、斎藤誠、筒美京平、槇原敬之、後藤次利、中村正人、渡辺俊幸、原由子、ペギー葉山、浜田麻里など。

女性アナウンサーが多い。その多くはミスコン入賞出身である。

2009年の大学案内巻頭には、テレビ朝日アナウンサーの堂真理子さんと市川寛子さんが卒業生スペシャル対談と銘打って、青学について語っている（堂さんは2003年、市川さんは2004年入社）。4ページ構成。なお、学長の話はいちばん最後のページで、4分の1のスペースしかない。2人は学生時代をこうふり返っている。

「私が学んだ英米文学科の授業には文学講義はもちろん、英語で演劇したり、映画の字幕を作ったり、自分たちで何かを作り上げて英語でプレゼンテーションをしたり、多様な学び方ができたことが印象深いです」（堂さん）

「私は経済学部で戦後の日本経済史を中心に学びました。私にとってはこの分野を専門とされる杉浦勢之先生と出会えたことが、自分自身の成長の大きな糧になったと思います。（略）学生が主体となってゼミを運営していくので、自立心や物事を論理的に考える基礎が鍛えられたかと思います」（市川さん）

(5) 立教大

作家には直木賞受賞の、なかにし礼、伊集院静、村山由佳がいる。上橋菜穂子（『鹿の王』で本屋大賞）、酒井順子（『負け犬の遠吠え』で婦人公論文芸賞）、新井素子（『チグリスとユーフラテス』で日本SF大賞）など、話題となったベストセラー作家がいる。ほかに、島本理生、新野剛志、柚木麻子、吉川潮など。

芸能人には、みのもんた、関口宏、徳光和夫、古舘伊知郎、野際陽子、小野進也、森羅万象、乾貴美子、有田哲平、南沢奈央、関口知宏など。

古舘さん、徳光さん、野際さんなどは局アナ出身である。アナウンサーを養成するコース、専攻はむかしもいまもないので、立教にはアナウンサー志向が集まったということだろう。

映画監督では鬼才がそろう。青山真治、黒沢清、万田邦敏、黒土三男、周防正行など。

そして、ドキュメンタリー映画監督の森達也。

1970年代後半から80年代にかけて、「立教ヌーベルバーグ」といわれていた一団があった。自主映画制作サークルに関わった人たちで、このなかには黒沢さん、青山さん、周防さん、森さんたちがいる。このとき、彼らに大きな影響を与えたのが、蓮實重彦さんだ。当時、蓮實さんは立教の一般教養科目で「映画表現論」の講義を担当していた。いまでこそ、三島由紀夫賞受賞での頑固なイメージがついてしまったが、このとき、まだ40代だった蓮實さんのまわりには、立教の映画好きの熱狂的ファンが取り巻いていた。

(6) 中央大

「中央大学の概要」という大学の基礎データ集がある。このなかに「活躍する中央大OG・OB」というページがあり、出身者がズラリと並んでいる。なかなか壮観だ。早慶MARCHのなかで、OBOGの活躍を詳しくアピールしており、作品名を紹介するなど、なじみやすいように工夫している。

作家、脚本家、漫画家から。直木賞受賞に志茂田景樹、逢坂剛、木内昇。北方謙三、秋元康、門田隆将、小池一夫、植田まさし、山田貴敏など。

芸能人は古谷一行、滝田栄、黒部進、阿部寛、加瀬亮、上川隆也、きたろう、岸谷五朗、山下真司、長谷川博己など。故人には渥美清、丹波哲郎、千秋実、金井大、仲谷昇、小松方正などがいた。早慶MARCH出身ではもっともキャラが立つ個性派がそろっており、脇役でも主役を食ってしまうほどの存在感を示してくれた。こうした系譜は丹波哲郎から岸谷五朗へと受け継がれているようだ。

アナウンサーには安藤翔（日本テレビ）、生田竜聖（フジテレビ）、国山ハセン（TBS）、小木逸平、矢島悠子（以上、テレビ朝日）、三橋大樹、山本哲也（以上、NHK）など。

脚本家、放送作家では、「中央大学の概要」に作品名まで記されていた。野島伸司（「ひとつ屋根の下」）、林誠人（「ドクターX ～外科医・大門未知子～」）、武洋行（「深イイ話」）、関秀章（「ビートたけしのTVタックル」）、そーたに（「世界の果てまでイッテQ」）。

メディアにおいて、ものづくりに長けた奇才がいる。出版プロデューサーの高須基仁さん、元日本テレビプロデューサーでUFO番組を制作した矢追純一さんなどだ。そして、秋元康さんは多くの番組に関わり、いくつもアイドルグループを育てた。

(7) 法政大

作家では芥川賞受賞の藤沢周、吉田修一。SF作家の高千穂遙、横田順彌。ノンフィクション作家の高山文彦、前間孝則など。漫画家の久住昌之。フリーライターの山岡俊介、永江朗、北尾トロ。スポーツライターの金子達仁。コピーライターの糸井重里。元「噂の真相」編集長の岡留安則。シリアで亡くなったジャーナリストの後藤健二。写真家の岩合光昭、イラストレーターの沢野ひとしなど。

彼らの生き方、仕事、作品には、既成の概念をぶち破ってみよう、大きなものにぶつかっていこうとする反常識、反権威、反権力のような姿勢が通底している。

金子達仁さんのメッセージを紹介しよう（大学案内より）。

「大学時代はサッカーを観ることに熱狂し、アルバイトをしてメキシコW杯（1986年）観戦の旅費を稼ぐほどでした。法政大学の4年間で心から熱中できるものに出会えたから、今の自分があると思います」

芸能人は東根作《とねさく》寿英、誠直也、星野知子、村上弘明、美木良介、伊藤淳史、大森うたえもん、前田亜季、安座間美優、高畑充希など。

ミュージシャンはKAN、ジャッキー吉川、庄野真代、田中星児、みなみらんぼう、甲本ヒロト（ブルーハーツ）、山下穂尊（いきものがかり）、秦基博など。

NHK連続テレビ小説のヒロインが2人いる。星野知子さんは『なっちゃんの写真館』（1980年）、高畑充希さんは『とと姉ちゃん』（2016年）に出演した。

映画監督には堤幸彦、園子温《そのしおん》がいる。堤は斬新な演出でテレビドラマのあり方を大きく変えた。園は厳しい演技指導で多くの俳優を育てた。これも既成概念への挑戦といえそうだ。

法政大の大学パンフレットは他大学に比べてマスコミ、とくにアナウンサーの登場率が高い。2012年度版では巻頭でOBOG9人のうち、アナウンサーを4人（NHK2、TBS1、テレビ新潟1）並べた。これに加えて、芥川賞作家の吉田修一さんが登場する、という豪華なメンバーである。これに対して、他大学の広報課から「何千人に1人しかなれない職業をクローズアップするのは偏りすぎる、だれもがアナウンサーになれるものではなく受験生に夢を与えすぎる」という意見があった。だが、「偏り」ではあっても、大学にすれば得意分野である。経営戦略としては間違っていない。

※本章では国会議員について敬称を略した

エピローグ
――早慶MARCHのすごさを体感しよう

早慶MARCHは日本社会で大きな役割を果たしてきた。

大仰な言い方になったが、決して誇張ではない。日本社会を動かしてきたと言ってもいい。国家の中枢を担っているのは東大法学部卒の官僚ではないか、という意見もあろう。たしかに、早慶MARCH出身のキャリア官僚（国家公務員総合職試験合格）は東大京大に比べれば少数派である。だが、政策立案ですばらしい切れ味を見せる人たちはいる。一方で、キャリア官僚を支える、あるときはブレーンになるノンキャリア官僚（国家公務員一般職試験合格）となれば、早慶MARCH出身のほうが圧倒的に多い。彼らは徹夜で国会答弁を作成し、国会審議では議員に張り付くなど、政策面で事務処理能力を見せてくれる。まさに国を動かす立場にあるといっていい。

キャリア官僚において、事務次官になった早慶MARCH出身者はきわめて少ない。大蔵省―財務省のトップに立った者はいない。それでも、局長、官房長官クラスには早慶出身者が多く活躍している。だが、けた違いに東大が多いため、数の論理でなかなかトップにはなれない。それでも変化は見え始めた。

2016年、外務省事務次官に秋葉剛男総合外交政策局長が就任する。秋葉さんは早稲田大出身であり、外務省で初めて私大出身の事務次官が誕生することになる。東大出身が圧倒的に多い外務省にあって画期的なできごとであり、財務省のトップも、近々、早慶あたりから出てくるだろう。

いや、いつまでも重要なポストが東大出身に占有されるのは、日本にとってはあまりよろしくない話である。早慶MARCH――庶民の気持ちに寄りそった在野な建学精神の私立大学、独立と実証科学を掲げ、産業界に多くの人材を送り出してきた私立大学、愛と平和を追求してやまないミッション系私立大学――の出身者が行政職でのトップになれば、それは日本における多様性にもつながるのではないか。私学は官立にはない、個性的な校風をもつ。多種多様の人材を社会に輩出した早慶MARCHの出番ともいえるのではないだろうか。

そして、国会議員の出身大学である。早慶MARCHの合計は、東大京大プラス国立大学よりも上回っている。総理大臣は戦後に限って言えば、出身大学は東大よりも早慶明治の合計のほうが多い。これだけ見ても日本の政治に大きく関わってきたことがわかる。

立法、行政と続けば三権分立の残り、司法分野はどうか。言わずと知れた中央大がでんと構えており、法曹を数多く輩出してきた。裁判官は東大出身が多い。だが、検察官、弁護士は中央大が一大勢力を築いている。たとえば、歴代の東京地検特捜部長は中央大出身者がもっとも多い。

経済もしかり。社長の出身、一部上場企業への就職者をみると、官僚に人が流れる東大を尻目に、早慶MARCHは圧倒的なシェアを誇る。たとえば、大手銀行、証券会社の幹部は慶應義塾大出身者で賑わう。メディアはいまでも早稲田大が多い。地方の企業では、法政大、明治大出身者が経営者として地場産業を発展させている。

アカデミズムでは、早慶MARCHの学者たちが東大には負けまいと、最新の学問分野を究めるのに余念がない。ときの政治と真っ向から対立することもあれば、ブレーンたらんとすることもある、早慶MARCHの学者たちは大胆かつ柔軟に立ちふるまう。

文化もそうだ。作家は早稲田大、ディレクターやプランナーは慶應義塾大、ミュージシャンは青山学院大、立教大。俳優は7校どこからでも現れる。まるで役割分担を決めたかのように早慶ＭＡＲＣＨは幅を利かせている。

自然科学系の最先端研究分野はどうなのか。ノーベル賞は出ていない。だが、優れた研究者、エンジニアはたくさんいる。早慶ＭＡＲＣＨの研究室出身の研究者は基礎分野で地道な研究を続けて成果を出しており、応用分野では新商品開発で脚光を浴びている。ヒット商品誕生のウラには早慶ＭＡＲＣＨ出身者の血と汗と涙がある。医、薬、看護の分野はどうか。慶應義塾大が孤軍奮闘、これらを一手に引き受けてがんばっている。

また、早慶ＭＡＲＣＨは女性の社会進出の役割も担った。戦前、いち早く女性の入学を認めたのは早稲田大（と東北大）であり、戦後も、女子学生に適した校風の青山学院大、立教大などで学んだ学生が、メディアや、生活産業などに進出し、経済・産業界で活躍する女性を生んだ。その流れは慶應大、明治大、中央大、法政大にも波及している。今後もこの傾向はさらに強まるだろう。

こう眺めてみると、早慶ＭＡＲＣＨは受験用語だけに収めきれるものではない。さまざまな分野で大きな存在感を示している。日本社会を作ってきた大学グループ、シンクタンク、人材輩出機関としてもっと評価されていい。

２０１８年以降に大学進学者が大きく減少していく、いわゆる「２０１８年問題」を前に大学はさまざまな取り組みを行っている。

早稲田大は2032年までに次のような計画を立てている。学部生4万4000人から3万5000人に約9000人減らす。女子学生を2倍に増やす。女性教員を600人も増やす（現在約250人）。外国人留学生を1万人（現、約5000人）にする。教育の質を高めるためだ。立教大は学生の留学体験率を2019年までに50％、2024年までに100％に高める政策を打ち出した。

中央大は2019年ごろまでに学部を新設する予定だ。2016年、法政大は、ダイバーシティ宣言を発表して、「人権の尊重、多様性の受容、機会の保障を基盤にして、さまざまな国籍と文化的背景を持つ学生、教職員を積極的に受け容れ、自由を生き抜く実践知を世界に拡げていく」とうたいあげた。こうした動きを見ると、たのもしさを感じてしまう。

そして、人である。

早慶MARCHの学生、教職員、そして、出身者は実にバラエティーに富んでいる。それが財産なのである。早慶MARCHは日本社会における多様性を促進したという見方もできるのではないか。

とはいっても大学にそれほど関心がなければ、早慶MARCHの中身をつぶさに観察することはない。早慶ＭＡＲＣＨは縁遠い存在のままだ。ならば、もっと、早慶ＭＡＲＣＨに近づいてもいい。それは受験生だけの特権ではない。

なにかわからないことがあったとき、それは何でもいい。消費税率引き上げ再延期で暮らし向きはどうなるのか、ＩＳのテロに日本は巻き込まれないのか、又吉直樹さんの小説はどこが魅力的なのか、２０２０年の東京オリンピックでだれが金メダルをとるのか、などなど。これらを早慶ＭＡＲＣＨに聞いてみるがいい。いったい、だれに？

早慶ＭＡＲＣＨはさまざまな分野で学者が知識を磨いている。彼らの本を読んでもいい。講義や講演を聞きにいってもいい。そして、個性的な学生がいる。彼らと一緒に行動してもいい。それは部活動の応援でも、アルバイト先でもいい。町おこしみたいなイベントでともに汗をかけるならば理想的だ。学生と付き合うのはじつに楽しいものである。

早慶ＭＡＲＣＨは私立大学である。だからといって、たとえば、ハード面では大学関係者だけしか利用できない、というわけではない。大学図書館はきちんと申請すれば、どこも閲覧を許可してくれる。食堂に遊びに行って、学生に話しかけるのもいいだろう。

本書ではできる限り、早慶ＭＡＲＣＨの魅力を詰め込んだ。受験生への大学情報として有益であってほしいが、多くの人が早慶ＭＡＲＣＨを知り、訪ね、そのオーラに触れてみてほしい。きっと、生き方、考え方に何らかの影響を与えてくれるだろう。

あとがき

早慶MARCHについてはまだまだ語り足りないほど魅力にあふれている。ぜひ、キャンパスを訪ねて、早慶MARCHのおもしろさを見つけてほしい。

本書をまとめるにあたって多くの学生、教職員から話をうかがった。なかでも各大学の広報担当者は情報提供で労をとってくださった。資料や情報の提供、助言、調査などでは次の方々にたいへんお世話になった。大学通信の安田賢治さん、『大学図鑑！』監修者のオバタカズユキさん、フリーライターの柿崎明子さん、朝日新聞出版『大学ランキング』編集部の森井加奈子さん、代々木ゼミナールの坂口幸世さん、駿台予備学校の石原賢一さん、河合塾の富沢弘和さん、早稲田大学学食研究会の学生（堀田悠生さん、馬渕健さん、奥田晨生さん＝以上、早稲田大。足立優美香さん＝立教大）。

編集を担当してくださった、朝日新聞出版書籍編集部の大崎俊明さんは内容面できめ細かな指摘、データのチェックなど、最後まで伴走していただいた。

本書に関わった方々に厚くお礼を申し上げたい。

そして、本書から早慶ＭＡＲＣＨの魅力を発見してくださった読者のみなさんに感謝したい。

２０１６年６月

小林哲夫

1960年—2015年
早慶MARCH合格者模試平均得点データ・偏差値の見方

333ページより早稲田大、慶應義塾大、明治大、青山学院大、立教大、中央大、法政大における法学系、経済学系、商・経営学系、文学（英文）系の1960年から2015年までにおける各大学の合格者の模試平均得点データ・偏差値を掲載する。1960年、1965年は旺文社模試の合格者平均得点を掲載。1970年、1975年は旺文社模試偏差値を掲載。1980年以降は河合塾模試偏差値を掲載。

1960年から1975年までの各大学の旺文社模試合格者平均得点と模試偏差値は学科別に算出されておらず、学部平均値となっている。1980年以降の河合塾模試偏差値データは2.5刻みに算出されており、実際は数字に幅があるが、この表では下限値を掲載した。

入試科目数は、大学、学部、年によって異なり、難易度を一概に比較できないケースもある。

原則としてもっとも募集人員の多い入試方式の偏差値を掲載している。大学によっては学科別の募集を行っていないため（もしくは年度によっては一括募集）、一部学科名の記載がない。

理系学部・学科は改編・改組が多いため、年度による比較が難しく、掲載していない。

1965年合格者平均得点

法学系

大学名	学部学科名	合格者平均得点
早稲田大	法学部	186
慶應義塾大	法学部	181
中央大	法学部	178
立教大	法学部	172
明治大	法学部	171
青山学院大	法学部	164
法政大	法学部	160

経済学系

大学名	学部学科名	合格者平均得点
早稲田大	政治経済学部	189
慶應義塾大	経済学部	243(△)
立教大	経済学部	172
明治大	政治経済学部	166
中央大	経済学部	160
法政大	経済学部	154
青山学院大	経済学部	193(△)

商・経営学系

大学名	学部学科名	合格者平均得点
早稲田大	商学部	183
慶應義塾大	商学部	169
明治大	商学部	174
立教大	経済学部	172
中央大	商学部	164
法政大	経営学部	152

※青山学院大経営学部は1966年設立のためデータなし

文学系

大学名	学部学科名	合格者平均得点
早稲田大	第一文学部	186
慶應義塾大	文学部	182
青山学院大	文学部	177
立教大	文学部	172
明治大	文学部	163
中央大	文学部	160
法政大	文学部	158

※この年は旺文社模試合格者平均得点データです
※英・国・社型
※△は400点満点、その他は300点満点です

1960年合格者平均得点

法学系

大学名	学部学科名	合格者平均得点
慶應義塾大	法学部	168
早稲田大	法学部	155
中央大	法学部	127
立教大	法学部	117
法政大	法学部	91
明治大	法学部	91
青山学院大	法学部	82

経済学系

大学名	学部学科名	合格者平均得点
慶應義塾大	経済学部	189
早稲田大	政治経済学部	187
立教大	経済学部	113
青山学院大	経済学部	110
明治大	政治経済学部	100
中央大	経済学部	99
法政大	経済学部	84

商・経営学系

大学名	学部学科名	合格者平均得点
慶應義塾大	商学部	160
早稲田大	商学部	157
明治大	商学部	114
立教大	経済学部	113
中央大	商学部	110

※法政大経営学部は1959年(前年)設立、青山学院大経営学部は1966年設立のためデータなし

文学系

大学名	学部学科名	合格者平均得点
早稲田大	第一文学部	138
慶應義塾大	文学部	124
青山学院大	文学部	116
法政大	文学部	114
立教大	文学部	113
明治大	文学部	86
中央大	文学部	80

※この年は旺文社模試合格者平均得点データです
※英語120点、数学120点、国語100点の340点満点から算出

1975年偏差値

法学系

大学名	学部学科名	偏差値
早稲田大	法学部	65.9
中央大	法学部	62.8
慶應義塾大	法学部	61.2
立教大	法学部	61.0
明治大	法学部	59.9
青山学院大	法学部	58.7
法政大	法学部	56.8

経済学系

大学名	学部学科名	偏差値
早稲田大	政治経済学部	67.5
慶應義塾大	経済学部	65.1
立教大	経済学部	59.7
青山学院大	経済学部	57.7
明治大	政治経済学部	57.6
中央大	経済学部	56.8
法政大	経済学部	54.9

商・経営学系

大学名	学部学科名	偏差値
慶應義塾大	商学部	63.1
早稲田大	商学部	62.7
立教大	経済学部	59.7
中央大	商学部	57.4
明治大	商学部	57.2
青山学院大	経営学部	56.7
法政大	経営学部	54.6

文学系

大学名	学部学科名	偏差値
慶應義塾大	文学部	65.5
早稲田大	第一文学部	64.6
立教大	文学部	61.2
青山学院大	文学部	60.1
明治大	文学部	59.1
中央大	文学部	57.7
法政大	文学部	56.1

※この年は旺文社模試偏差値データです

1970年偏差値

法学系

大学名	学部学科名	偏差値
早稲田大	法学部	64.5
慶應義塾大	法学部	61.0
中央大	法学部	60.8
立教大	法学部	58.7
明治大	法学部	58.3
法政大	法学部	56.7
青山学院大	法学部	56.4

経済学系

大学名	学部学科名	偏差値
早稲田大	政治経済学部	65.9
慶應義塾大	経済学部	61.9
立教大	経済学部	58.2
青山学院大	経済学部	56.3
中央大	経済学部	55.4
明治大	政治経済学部	55.4
法政大	経済学部	53.9

商・経営学系

大学名	学部学科名	偏差値
早稲田大	商学部	62.0
慶應義塾大	商学部	58.5
立教大	経済学部	58.2
明治大	商学部	57.2
青山学院大	経営学部	56.7
中央大	商学部	56.6
法政大	経営学部	52.6

文学系

大学名	学部学科名	偏差値
早稲田大	第一文学部	63.9
慶應義塾大	文学部	61.5
立教大	文学部	58.7
明治大	文学部	56.3
青山学院大	文学部	56.1
中央大	文学部	54.6
法政大	文学部	54.0

※この年は旺文社模試偏差値データです

1985年偏差値

法学系

大学名	学部学科名	偏差値
慶應義塾大	法学部法律学科	67.5
早稲田大	法学部	67.5
中央大	法学部法律学科	62.5
青山学院大	法学部法学科	60.0
明治大	法学部法律学科	60.0
立教大	法学部法学科	60.0
法政大	法学部法律学科	57.5

経済学系

大学名	学部学科名	偏差値
早稲田大	政治経済学部経済学科	67.5
慶應義塾大	経済学部経済学科	62.5
明治大	政治経済学部経済学科	60.0
青山学院大	経済学部経済学科	57.5
中央大	経済学部経済学科	57.5
立教大	経済学部経済学科	57.5
法政大	経済学部経済学科	55.0

商・経営学系

大学名	学部学科名	偏差値
早稲田大	商学部	65.0
慶應義塾大	商学部商学科	60.0
青山学院大	経営学部	57.5
明治大	商学部商学科	57.5
立教大	経済学部経営学科	57.5
中央大	商学部経営学科	55.0
法政大	経営学部経営学科	55.0

文学(英文)系

大学名	学部学科名	偏差値
早稲田大	第一文学部	67.5
慶應義塾大	文学部	65.0
立教大	文学部英米文学科(A方式)	62.5
青山学院大	文学部英米文学科	60.0
中央大	文学部英米文学専攻	57.5
法政大	文学部英文学科	57.5
明治大	文学部文学科	57.5

※この年は河合塾模試偏差値データです

1980年偏差値

法学系

大学名	学部学科名	偏差値
早稲田大	法学部	65.0
中央大	法学部法律学科	60.0
青山学院大	法学部法学科	57.5
慶應義塾大	法学部法律学科	57.5
明治大	法学部法律学科	57.5
立教大	法学部法学科	57.5
法政大	法学部法律学科	55.0

経済学系

大学名	学部学科名	偏差値
早稲田大	政治経済学部経済学科	65.0
慶應義塾大	経済学部経済学科	62.5
青山学院大	経済学部経済学科	60.0
立教大	経済学部経済学科	60.0
法政大	経済学部経済学科	55.0
明治大	政治経済学部経済学科	55.0
中央大	経済学部経済学科	52.5

商・経営学系

大学名	学部学科名	偏差値
早稲田大	商学部	62.5
青山学院大	経営学部	57.5
慶應義塾大	商学部商学科	57.5
立教大	経済学部経営学科	57.5
明治大	商学部商学科	55.0
中央大	商学部経営学科	52.5
法政大	経営学部経営学科	52.5

文学(英文)系

大学名	学部学科名	偏差値
早稲田大	第一文学部	65.0
青山学院大	文学部英米文学科	62.5
慶應義塾大	文学部	62.5
立教大	文学部英米文学科	57.5
中央大	文学部英米文学専攻	55.0
明治大	文学部文学科	55.0
法政大	文学部英文学科	52.5

※この年は河合塾模試偏差値データです

1995年偏差値

法学系

大学名	学部学科名	偏差値
慶應義塾大	法学部法律学科	67.5
中央大	法学部法律学科	67.5
早稲田大	法学部	67.5
法政大	法学部法律学科(A方式)	62.5
明治大	法学部法律学科	62.5
立教大	法学部法学科	62.5
青山学院大	法学部法学科(A方式)	60.0

経済学系

大学名	学部学科名	偏差値
早稲田大	政治経済学部経済学科	67.5
慶應義塾大	経済学部経済学科(A方式)	65.0
青山学院大	経済学部経済学科	60.0
明治大	政治経済学部経済学科	60.0
中央大	経済学部経済学科(A方式)	60.0
立教大	経済学部経済学科	60.0
法政大	経済学部経済学科	57.5

商・経営学系

大学名	学部学科名	偏差値
早稲田大	商学部	67.5
慶應義塾大	商学部商学科(A方式)	62.5
青山学院大	経営学部経営学科	60.0
法政大	経営学部経営学科	60.0
明治大	商学部商学科	60.0
立教大	経済学部経営学科	60.0
中央大	商学部経営学科	57.5

文学(英文)系

大学名	学部学科名	偏差値
早稲田大	第一文学部	70.0
慶應義塾大	文学部	65.0
明治大	文学部文学科	62.5
立教大	文学部英米文学科(A方式)	62.5
青山学院大	文学部英米文学科	60.0
中央大	文学部英米文学専攻	60.0
法政大	文学部英文学科	60.0

※この年は河合塾模試偏差値データです

1990年偏差値

法学系

大学名	学部学科名	偏差値
慶應義塾大	法学部法律学科	70.0
早稲田大	法学部	67.5
中央大	法学部法律学科	65.0
立教大	法学部法学科	65.0
青山学院大	法学部法学科	62.5
明治大	法学部法律学科	62.5
法政大	法学部法律学科	60.0

経済学系

大学名	学部学科名	偏差値
早稲田大	政治経済学部経済学科	70.0
慶應義塾大	経済学部経済学科(A方式)	65.0
中央大	経済学部経済学科(A方式)	62.5
明治大	政治経済学部経済学科	62.5
立教大	経済学部経済学科	62.5
青山学院大	経済学部経済学科	60.0
法政大	経済学部	57.5

商・経営学系

大学名	学部学科名	偏差値
早稲田大	商学部	67.5
青山学院大	経営学部	62.5
慶應義塾大	商学部商学科(A方式)	62.5
明治大	商学部商学科	62.5
中央大	商学部経営学科	60.0
立教大	経済学部経営学科	60.0
法政大	経営学部経営学科	57.5

文学(英文)系

大学名	学部学科名	偏差値
早稲田大	第一文学部	67.5
慶應義塾大	文学部	65.0
立教大	文学部英米文学科(A方式)	62.5
青山学院大	文学部英米文学科	60.0
中央大	文学部英米文学専攻	60.0
法政大	文学部英文学科	60.0
明治大	文学部文学科	60.0

※この年は河合塾模試偏差値データです

2005年偏差値

法学系

大学名	学部学科名	偏差値
慶應義塾大	法学部法律学科(B方式)	70.0
早稲田大	法学部	70.0
中央大	法学部法律学科(A方式)	65.0
立教大	法学部法学科(個別)	62.5
法政大	法学部法律学科(A方式)	60.0
明治大	法学部法律学科(一般)	60.0
青山学院大	法学部法学科	57.5

経済学系

大学名	学部学科名	偏差値
早稲田大	政治経済学部経済学科	70.0
慶應義塾大	経済学部経済学科(A方式)	67.5
明治大	政治経済学部経済学科	60.0
立教大	経済学部経済学科	60.0
青山学院大	経済学部経済学科(A方式)	57.5
中央大	経済学部経済学科	57.5
法政大	経済学部経済学科(A方式)	57.5

商・経営学系

大学名	学部学科名	偏差値
早稲田大	商学部	67.5
慶應義塾大	商学部商学科(A方式)	62.5
立教大	経済学部経営学科	62.5
明治大	商学部商学科(一般)	60.0
青山学院大	経営学部経営学科(A方式)	57.5
中央大	商学部経営学科(A方式)	57.5
法政大	経営学部経営学科(A方式)	57.5

文学(英文)系

大学名	学部学科名	偏差値
慶應義塾大	文学部人文社会学科	65.0
早稲田大	第一文学部総合人文学科	65.0
立教大	文学部英米文学科	62.5
青山学院大	文学部英米文学科(A方式)	60.0
明治大	文学部文学科(一般)	60.0
中央大	文学部英米文学専攻	57.5
法政大	文学部英文学科(A方式)	57.5

※この年は河合塾模試偏差値データです

2000年偏差値

法学系

大学名	学部学科名	偏差値
慶應義塾大	法学部法律学科	70.0
早稲田大	法学部	67.5
中央大	法学部法律学科	62.5
立教大	法学部法学科	62.5
法政大	法学部法律学科(A方式)	60.0
明治大	法学部法律学科	60.0
青山学院大	法学部法学科(A方式)	55.0

経済学系

大学名	学部学科名	偏差値
早稲田大	政治経済学部経済学科	67.5
慶應義塾大	経済学部経済学科(A方式)	62.5
立教大	経済学部経済学科	60.0
明治大	政治経済学部経済学科(A方式)	57.5
青山学院大	経済学部経済学科(A方式)	55.0
中央大	経済学部経済学科(A方式)	55.0
法政大	経済学部経済学科(A方式)	55.0

商・経営学系

大学名	学部学科名	偏差値
早稲田大	商学部	65.0
慶應義塾大	商学部商学科(A方式)	60.0
立教大	経済学部経営学科	60.0
中央大	商学部経営学科(A方式)	57.5
明治大	商学部商学科(A方式)	57.5
青山学院大	経営学部経営学科(A方式)	55.0
法政大	経営学部経営学科	55.0

文学(英文)系

大学名	学部学科名	偏差値
慶應義塾大	文学部	67.5
早稲田大	第一文学部	65.0
立教大	文学部英米文学科(A方式)	62.5
青山学院大	文学部英米文学科(A方式)	57.5
法政大	文学部英文学科	57.5
明治大	文学部文学科	57.5
中央大	文学部英米文学専攻	55.0

※この年は河合塾模試偏差値データです

2015年偏差値

法学系

大学名	学部学科名	偏差値
慶應義塾大	法学部法律学科	70.0
早稲田大	法学部	67.5
中央大	法学部法律学科(一般)	62.5
立教大	法学部法学科(A方式)	60.0
青山学院大	法学部法学科(A方式)	57.5
法政大	法学部法律学科(A方式)	57.5
明治大	法学部法律学科(一般)	57.5

経済学系

大学名	学部学科名	偏差値
早稲田大	政治経済学部経済学科	67.5
慶應義塾大	経済学部経済学科(A方式)	65.0
青山学院大	経済学部経済学科	60.0
立教大	経済学部経済学科(個別)	60.0
中央大	経済学部経済学科(一般)	57.5
明治大	政治経済学部経済学科(一般)	57.5
法政大	経済学部経済学科(A方式)	55.0

商・経営学系

大学名	学部学科名	偏差値
立教大	経営学部経営学科(個別)	65.0
早稲田大	商学部	65.0
慶應義塾大	商学部商学科(A方式)	62.5
青山学院大	経営学部経営学科(A方式)	60.0
明治大	商学部商学科(一般)	60.0
法政大	経営学部経営学科(A方式)	57.5
中央大	商学部経営学科(一般)	55.0

文学(英文)系

大学名	学部学科名	偏差値
慶應義塾大	文学部人文社会学科	65.0
早稲田大	文学部文学科	65.0
立教大	文学部英米文学専攻(個別)	60.0
青山学院大	文学部英米文学科(A方式)	57.5
法政大	文学部英文学科(A方式)	57.5
明治大	文学部英米文学専攻(一般)	57.5
中央大	文学部英語文学文化学専攻(一般)	55.0

※この年は河合塾模試偏差値データです

2010年偏差値

法学系統

大学名	学部学科名	偏差値
慶應義塾大	法学部法律学科(B方式)	72.5
早稲田大	法学部	70.0
中央大	法学部法律学科	67.5
立教大	法学部法学科(個別)	62.5
青山学院大	法学部法学科(A方式)	60.0
明治大	法学部法律学科(一般)	60.0
法政大	法学部法律学科(A方式)	57.5

経済学系

大学名	学部学科名	偏差値
早稲田大	政治経済学部経済学科	72.5
慶應義塾大	経済学部経済学科(A方式)	70.0
青山学院大	経済学部経済学科(A方式)	62.5
明治大	政治経済学部経済学科(一般)	62.5
立教大	経済学部経済学科(個別)	62.5
中央大	経済学部経済学科	57.5
法政大	経済学部経済学科(A方式)	57.5

商・経営学系

大学名	学部学科名	偏差値
早稲田大	商学部	70.0
慶應義塾大	商学部商学科(A方式)	67.5
立教大	経営学部経営学科(個別)	65.0
明治大	商学部商学科(一般)	62.5
青山学院大	経営学部経営学科(A方式)	60.0
法政大	経営学部経営学科(A方式)	60.0
中央大	商学部経営学科(一般)	57.5

文学(英文)系

大学名	学部学科名	偏差値
慶應義塾大	文学部人文社会学科	67.5
早稲田大	文学部文学科	67.5
立教大	文学部英米文学科(個別)	62.5
青山学院大	文学部英米文学科(A方式)	60.0
明治大	文学部文学科(一般)	60.0
中央大	文学部英語文学文化学科	57.5
法政大	文学部英文学科(A方式)	57.5

※この年は河合塾模試偏差値データです

早慶MARCH合格者数学校別ランキング表の見方

340ページより2016年春入試における、早稲田大、慶應義塾大、明治大、青山学院大、立教大、中央大、法政大の合格者数上位50校を掲載。各大学の合格者は、非公表などで回答がない学校は掲載していないケースがあり、実際のランキングとは異なる可能性もある。

※は国立、◎は私立、無印は公立を示す。

各データは旺文社、河合塾、大学通信のものをそれぞれ出典とした。

2016年 慶應義塾大学 学校別合格者ランキングベスト50

順位	設置	学校	所在地	合格者数
1	◎	開成	東京	181
2		日比谷	東京	169
3	◎	浅野	神奈川	157
4	◎	麻布	東京	142
5	※	東京学芸大学附属	東京	136
6	◎	渋谷教育学園幕張	千葉	131
7	◎	聖光学院	神奈川	128
8		西	東京	115
9	◎	市川	千葉	106
10	◎	豊島岡女子学園	東京	102
11	◎	駒場東邦	東京	96
12	◎	海城	東京	95
12	◎	女子学院	東京	95
14		湘南	神奈川	91
15		横浜翠嵐	神奈川	89
16	◎	早稲田	東京	88
17	◎	洗足学園	神奈川	86
18	◎	桐朋	東京	85
19		国立	東京	83
20	◎	渋谷教育学園渋谷	東京	82
21	◎	芝	東京	80
21	◎	栄光学園	神奈川	80
23		浦和(県立)	埼玉	79
23	◎	桜蔭	東京	79
25	※	筑波大学附属	東京	77
26	◎	開智	埼玉	75
26	◎	本郷	東京	75
28		千葉(県立)	千葉	73
28	◎	城北(私立)	東京	73
30	◎	栄東	埼玉	71
31	◎	攻玉社	東京	69
32	◎	頌栄女子学院	東京	67
33	※	筑波大学附属駒場	東京	66
33	◎	サレジオ学院	神奈川	66
35	◎	逗子開成	神奈川	65
36	◎	雙葉	東京	64
37	◎	武蔵(私立)	東京	59
38	◎	桐光学園	神奈川	57
38	◎	山手学院	神奈川	57
40	◎	東海	愛知	55
41	◎	暁星	東京	52
41	◎	桐蔭学園	神奈川	52
43	◎	フェリス女学院	神奈川	49
43		旭丘	愛知	49
45	◎	昭和学院秀英	千葉	48
46	◎	東邦大学付属東邦	千葉	47
46	◎	巣鴨	東京	47
48	◎	鷗友学園女子	東京	46
49		大宮	埼玉	45
49	◎	横浜共立学園	神奈川	45

設置の※は国立、◎は私立、無印は公立を示す

2016年 早稲田大学 学校別合格者ランキングベスト50

順位	設置	学校	所在地	合格者数
1	◎	開成	東京	283
2	◎	渋谷教育学園幕張	千葉	214
3		湘南	神奈川	198
4	◎	女子学院	東京	197
5		日比谷	東京	194
5	◎	麻布	東京	194
7	◎	開智	埼玉	179
8	◎	本郷	東京	176
9	◎	栄東	埼玉	173
10	◎	豊島岡女子学園	東京	172
11	※	東京学芸大学附属	東京	169
12		西	東京	157
13	◎	浅野	神奈川	154
14		浦和(県立)	埼玉	152
15		千葉(県立)	千葉	150
15	◎	城北(私立)	東京	150
17		大宮	埼玉	140
18	◎	駒場東邦	東京	139
19		横浜翠嵐	神奈川	138
20	◎	聖光学院	神奈川	137
21	◎	山手学院	神奈川	136
22	※	筑波大学附属	東京	134
23	◎	市川	千葉	131
24		国立	東京	130
25	◎	海城	東京	122
26	◎	桜蔭	東京	120
26	◎	早稲田	東京	120
28	◎	渋谷教育学園渋谷	東京	119
29	◎	芝	東京	117
30	◎	昭和学院秀英	千葉	115
31		川越	埼玉	111
31	◎	桐朋	東京	111
33		柏陽	神奈川	109
34	◎	桐光学園	神奈川	104
35		東葛飾	千葉	100
36	◎	吉祥女子	東京	99
36	◎	逗子開成	神奈川	99
38		川和	神奈川	96
39	◎	栄光学園	神奈川	95
40		新宿	東京	92
40	◎	鷗友学園女子	東京	92
40	◎	桐蔭学園	神奈川	92
43		戸山	東京	91
43	◎	國学院大学久我山	東京	91
45	◎	攻玉社	東京	90
46	◎	頌栄女子学院	東京	89
46	◎	フェリス女学院	神奈川	89
48		浦和第一女子	埼玉	87
49	◎	サレジオ学院	神奈川	86
50	◎	広尾学園	東京	85

設置の※は国立、◎は私立、無印は公立を示す

2016年 青山学院大学 学校別合格者ランキングベスト50

順位	設置	学校	所在地	合格者数
1	◎	山手学院	神奈川	127
2	◎	桐蔭学園	神奈川	93
3		川和	神奈川	74
4	◎	桐光学園	神奈川	72
5		希望ケ丘	神奈川	66
6	◎	洗足学園	神奈川	54
7	◎	國学院大学久我山	東京	53
7		厚木	神奈川	53
9	◎	頌栄女子学院	東京	50
9	◎	朋優学院	東京	50
11		柏陽	神奈川	49
12	◎	鎌倉女学院	神奈川	48
13	◎	國學院	東京	46
14		駒場	東京	45
15		町田	東京	43
16	◎	錦城	東京	42
16		横須賀(県立)	神奈川	42
18	◎	大宮開成	埼玉	40
18		八王子東	東京	40
18		相模原(県立)	神奈川	40
21		新宿	東京	39
21		小田原	神奈川	39
21	◎	鎌倉学園	神奈川	39
24	◎	帝京大学	東京	38
24		金沢	神奈川	38
26	◎	東京都市大学付属	東京	37
27	◎	昭和学院秀英	千葉	36
27		国立	東京	36
27	◎	共立女子	東京	36
27	◎	東京農業大学第一	東京	36
31	◎	吉祥女子	東京	35
31	◎	成蹊	東京	35
31	◎	拓殖大学第一	東京	35
34		千葉東	千葉	34
34	◎	桜美林	東京	34
36		立川	東京	33
36	◎	横浜雙葉	神奈川	33
38		青山	東京	32
38		南平	東京	32
38		湘南	神奈川	32
38	◎	横浜共立学園	神奈川	32
42	◎	西武学園文理	埼玉	31
42	◎	大妻	東京	31
42	◎	田園調布学園高等部	東京	31
42	◎	豊島岡女子学園	東京	31
42	◎	逗子開成	神奈川	31
47	◎	鷗友学園女子	東京	30
47	◎	東洋英和女学院高等部	東京	30
47		光陵	神奈川	30
47		大和	神奈川	30

設置の◎は私立、無印は公立を示す

2016年 明治大学 学校別合格者ランキングベスト50

順位	設置	学校	所在地	合格者数
1	◎	山手学院	神奈川	236
2		川和	神奈川	202
3	◎	桐光学園	神奈川	200
4		湘南	神奈川	192
5		柏陽	神奈川	179
6		大宮	埼玉	171
7	◎	市川	千葉	169
8		浦和(県立)	埼玉	155
8		国立	東京	155
10		厚木	神奈川	153
11		川越	埼玉	152
11		横浜翠嵐	神奈川	152
13	◎	本郷	東京	150
14	◎	昭和学院秀英	千葉	148
15	◎	洗足学園	神奈川	146
16	◎	開智	埼玉	141
17	◎	桐蔭学園	神奈川	140
18	◎	逗子開成	神奈川	136
19	◎	栄東	埼玉	135
19	◎	桐朋	東京	135
21	◎	國学院大学久我山	東京	134
22		東葛飾	千葉	133
22		青山	東京	133
24		新宿	東京	132
25	◎	鷗友学園女子	東京	130
26		駒場	東京	127
26		西	東京	127
28	◎	吉祥女子	東京	122
28	◎	城北(私立)	東京	122
30	◎	豊島岡女子学園	東京	116
30	◎	鎌倉学園	神奈川	116
32		横浜緑ケ丘	神奈川	111
32	◎	浅野	神奈川	111
34		立川	東京	109
35	◎	神奈川大学附属	神奈川	105
36	◎	サレジオ学院	神奈川	104
37		千葉東	千葉	101
37		戸山	東京	101
39		浦和第一女子	埼玉	100
40	※	東京学芸大学附属	東京	98
41		日比谷	東京	97
42		国分寺	東京	96
43	◎	高輪	東京	95
44		横須賀(県立)	神奈川	94
45		春日部	埼玉	92
45		千葉(県立)	千葉	92
47		小山台	東京	91
48		薬園台	千葉	90
49	◎	共立女子	東京	89
49	◎	横浜共立学園	神奈川	89

設置の※は国立、◎は私立、無印は公立を示す

2016年 中央大学 学校別合格者ランキングベスト50

順位	設置	学校	所在地	合格者数
1	◎	桐蔭学園	神奈川	128
2	◎	桐光学園	神奈川	125
3		国立	東京	111
4		厚木	神奈川	100
5	◎	國學院大學久我山	東京	98
6		浦和(県立)	埼玉	97
6	◎	山手学院	神奈川	97
8		大宮	埼玉	91
9		高崎	群馬	86
10		立川	東京	81
11		相模原(県立)	神奈川	77
12		川和	神奈川	72
13		八王子東	東京	69
13	◎	桐朋	東京	69
15	◎	錦城	東京	68
15	◎	豊島岡女子学園	東京	68
17		小田原	神奈川	67
18	◎	大宮開成	埼玉	66
18		日比谷	東京	66
20		川越	埼玉	64
20		日野台	東京	64
22	◎	市川	千葉	63
22		国分寺	東京	63
22		新潟	新潟	63
25	◎	開智	埼玉	61
25	◎	帝京大学	東京	61
27		水戸第一	茨城	59
27	◎	東京農業大学第一	東京	59
27	◎	鎌倉学園	神奈川	59
30		仙台第二	宮城	58
30		前橋(県立)	群馬	58
30		柏陽	神奈川	58
30		旭丘	愛知	58
34		西	東京	56
34		湘南	神奈川	56
36		前橋女子	群馬	54
36		武蔵野北	東京	54
38		町田	東京	53
38	◎	世田谷学園	東京	53
40	◎	川越東	埼玉	52
40		戸山	東京	52
42		青山	東京	51
42	◎	穎明館	東京	51
44		千葉東	千葉	50
44		南平	東京	50
44	◎	鷗友学園女子	東京	50
47		土浦第一	茨城	49
47		宇都宮	栃木	49
47	◎	栄東	埼玉	49
47		立川国際(中教)	東京	49
47	◎	城北(私立)	東京	49
47		海老名	神奈川	49
47		平塚江南	神奈川	49
47		横浜緑ケ丘	神奈川	49
47		長岡	新潟	49

設置の◎は私立、無印は公立を示す

2016年 立教大学 学校別合格者ランキングベスト50

順位	設置	学校	所在地	合格者数
1		駒場	東京	114
2	◎	淑徳与野	埼玉	112
3		浦和第一女子	埼玉	111
4	◎	山手学院	神奈川	106
5		大宮	埼玉	104
6		川越女子	埼玉	101
6	◎	市川	千葉	101
8	◎	昭和学院秀英	千葉	98
9		薬園台	千葉	93
10	◎	開智	埼玉	91
11		浦和(市立)	埼玉	90
11		東葛飾	千葉	90
11	◎	共立女子	東京	90
14	◎	豊島岡女子学園	東京	89
15	◎	吉祥女子	東京	82
16	◎	大宮開成	埼玉	81
17	◎	鷗友学園女子	東京	80
18		川和	神奈川	79
19	◎	大妻	東京	78
20		川越	埼玉	77
21	◎	國學院大學久我山	東京	76
22		青山	東京	71
22	◎	頌栄女子学院	東京	71
24		蕨	埼玉	70
24		新宿	東京	70
26		戸山	東京	63
26	◎	広尾学園	東京	63
26	◎	横浜共立学園	神奈川	63
26	◎	横浜雙葉	神奈川	63
30		千葉(市立)	千葉	62
30		船橋(県立)	千葉	62
30	◎	錦城	東京	62
30	◎	桐光学園	神奈川	62
34	◎	栄東	埼玉	61
34	◎	國學院	東京	61
36		湘南	神奈川	60
37		佐倉	千葉	59
37		国分寺	東京	59
37		三田	東京	59
37	◎	桐蔭学園	神奈川	59
41		柏陽	神奈川	58
42		千葉東	千葉	56
42		厚木	神奈川	56
42	◎	洗足学園	神奈川	56
45		竹早	東京	54
46		所沢北	埼玉	53
46	◎	富士見	東京	53
48	◎	浦和明の星女子	埼玉	52
48	◎	朋優学院	東京	52
48		横浜緑ケ丘	神奈川	52

設置の◎は私立、無印は公立を示す

2016年 法政大学 学校別 合格者ランキングベスト50

順位	設置	学校	所在地	合格者数
1	◎	大宮開成	埼玉	181
2	◎	山手学院	神奈川	131
3	◎	桐蔭学園	神奈川	130
4		千葉(市立)	千葉	113
5	◎	國學院	東京	107
6	◎	朋優学院	東京	101
7	◎	栄東	埼玉	100
8	◎	川越東	埼玉	99
8		日野台	東京	99
10		大宮	埼玉	97
10		薬園台	千葉	97
12		浦和(市立)	埼玉	95
13		船橋東	千葉	93
13		小金井北	東京	93
13		駒場	東京	93
16		千葉東	千葉	92
17	◎	錦城	東京	91
18		平塚江南	神奈川	90
19		佐倉	千葉	89
19	◎	市川	千葉	89
19	◎	八千代松陰	千葉	89
22		川越女子	埼玉	88
23	◎	國学院大学久我山	東京	87
24		鎌倉	神奈川	86
25		海老名	神奈川	84
26	◎	西武学園文理	埼玉	83
26		八千代	千葉	83
26	◎	桜美林	東京	83
29		相模原(県立)	神奈川	81
29	◎	鎌倉学園	神奈川	81
31		稲毛	千葉	80
31		東葛飾	千葉	80
31		国分寺	東京	80
31	◎	桐光学園	神奈川	80
35		熊谷	埼玉	79
35		蕨	埼玉	79
35		厚木	神奈川	79
38	◎	専修大学松戸	千葉	78
38		武蔵野北	東京	78
40		所沢北	埼玉	77
40	◎	日本大学第二	東京	77
40		光陵	神奈川	77
43		希望ケ丘	神奈川	76
43		秦野	神奈川	76
43		大和	神奈川	76
46	◎	開智	埼玉	75
46	◎	拓殖大学第一	東京	75
46		小田原	神奈川	75
46		川和	神奈川	75
46		横浜緑ケ丘	神奈川	75

設置の◎は私立、無印は公立を示す

小林哲夫　こばやし・てつお
1960年、神奈川県生まれ。教育ジャーナリスト、フリー編集者。教育、社会問題を総合誌などに執筆。1994年から『大学ランキング』(朝日新聞出版)編集者。『高校紛争1969-1970　「闘争」の歴史と証言』(中公新書)、『中学・高校・大学 最新学校マップ』(河出書房新社)、『東大合格高校盛衰史』(光文社新書)、『ニッポンの大学』(講談社現代新書)、『シニア左翼とは何か』(朝日新書)など著書多数。

朝日新書
573

早慶《そうけい》 MARCH
大学《だいがく》ブランド大激変《だいげきへん》

2016年7月30日第1刷発行

著　者　小林哲夫

発行者　友澤和子
カバーデザイン　アンスガー・フォルマー　田嶋佳子
印刷所　凸版印刷株式会社
発行所　朝日新聞出版
〒104-8011　東京都中央区築地5-3-2
電話　03-5541-8832（編集）
　　　03-5540-7793（販売）

Published in Japan by Asahi Shimbun Publications Inc.
ISBN 978-4-02-273673-4
定価はカバーに表示してあります。
落丁・乱丁の場合は弊社業務部(電話03-5540-7800)へご連絡ください。
送料弊社負担にてお取り替えいたします。